Abt Muho

Das Meer weist keinen Fluss zurück
Ein Weg zu Liebe und Gelassenheit

Abt Muho

Das Meer weist keinen Fluss zurück

Ein Weg zu Liebe und Gelassenheit

BERLIN VERLAG

Mehr über unsere Autoren und Bücher:
www.berlinverlag.de

Von Abt Muho liegt im Berlin Verlag vor:
Ein Regentropfen kehrt ins Meer zurück. Warum wir uns vor
dem Tod nicht fürchten müssen (2016)

MIX
Papier aus verantwor-
tungsvollen Quellen
FSC
www.fsc.org **FSC® C014496**

ISBN 978-3-8270-1380-4
2. Auflage 2018
© Berlin Verlag in der Piper Verlag GmbH, München 2018
Redaktion: Oliver Kobold
Satz: Uhl + Massopust, Aalen
Gesetzt aus der Corporate
Druck und Bindung: GGP Media GmbH, Pößneck
Printed in Germany

Inhalt

Liebe braucht Gelassenheit

Wohl ist ein See in mir, ein einsiedlerischer,
selbstgenügsamer;
aber mein Strom der Liebe reißt ihn mit sich
hinab – zum Meere!

Friedrich Nietzsche

Ich habe zwei Namen. In meiner Geburtsurkunde steht
der Name Jens Olaf Christian Nölke. Auf ihn wurde ich
getauft. Noch heute steht er in meinem Pass. Ausgesucht habe ich ihn mir nicht. Anders verhält es sich mit
meinem Mönchsnamen. Mein Meister erlaubte mir, den
Namen frei zu wählen, als ich in Japan zum Zenmönch
ordinierte. Fünfundzwanzig Jahre ist das nun her. Die
zwei Schriftzeichen, mit denen man den Namen schreibt,
bedeuten »keine Richtung« – was nicht Ziellosigkeit heißen soll, sondern ein Offensein für die Welt. Ich wollte
mich nicht von vorgefassten Meinungen leiten lassen

und keinen Einbahnstraßen folgen. Ich wollte meinen Weg ohne Scheuklappen gehen.

Die zwei Namen verraten es schon – mein Leben spielt sich in zwei Welten ab. Ich wurde 1968 in Berlin geboren und bin bis zu meinem sechsten Lebensjahr in einem Pfarrhaus in Braunschweig aufgewachsen. Mit vierzehn wurde ich in Tübingen konfirmiert und kehrte mit sechzehn wieder nach Braunschweig zurück, um ein christlich geführtes Internat zu besuchen. Ausgerechnet dort kam ich zum ersten Mal mit Zazen in Berührung, der »Meditation im Stil des Zen-Buddhismus«, wie man damals sagte. Dieser Moment sollte mein Leben verändern. Nicht nur las ich fortan alles, was ich zum Thema Buddhismus in die Finger bekam; nach einiger Zeit beschloss ich auch, nach dem Abitur Japanologie und Philosophie zu studieren. Ich wollte mich so auf einen längeren Aufenthalt in einem Zenkloster vorbereiten. Dass ich als Fünfzigjähriger einmal Abt eines japanischen Klosters sein würde, hätte ich mir gleichwohl nicht träumen lassen. Das lag schlicht jenseits meiner Vorstellungskraft.

Inzwischen lebe ich seit mehr als zwei Jahrzehnten in Antaiji, einem tief in den japanischen Bergen gelegenen Kloster. Sowohl in Deutschland als auch in Japan werde ich gerne vorgestellt als der deutsche Zenmeister, der mehr als die Hälfte seines Lebens in Japan verbracht hat; der christlich erzogen wurde, aber zum Buddhismus konvertiert ist; der fließend Japanisch spricht, dessen deutschen Akzent aber jeder bemerkt.

Trotzdem kommt es so gut wie nie vor, dass man mich wie Goethes Faust seufzen hört über die zwei Seelen in meiner Brust. Es gibt schließlich trotz allem nur einen Muho: nämlich den mit deutscher Staatsbürgerschaft und christlichen Wurzeln, der als Abt einem japanischen Zenkloster vorsteht. Das bin ich. Und gerade weil mir beide Welten und beide Religionen vertraut sind, vermag ich vielleicht das Christentum wie den Buddhismus etwas anders wahrzunehmen und auch darzustellen als jemand, der nur eine Seite kennengelernt hat. Wenn daher in diesem Buch nicht nur aus buddhistischen Schriften, sondern auch aus der Bibel zitiert wird, verweist das auf meinen ganz persönlichen Lebensweg – zu dem im Übrigen auch die Beschäftigung mit Philosophen wie Friedrich Nietzsche oder Sören Kierkegaard gehört. Auch auf ihre Schriften werde ich das eine oder andere Mal zurückkommen.

In Japan bittet man mich häufig, den Buddhismus, den ich mir als meine eigene Religion gewählt habe, mit dem Christentum, das mir in die Wiege gelegt wurde, zu vergleichen. Beispielsweise werde ich gefragt, was der Buddhismus vom Christentum lernen könne. Dann antworte ich: Gelebte Liebe!

Buddhistische Mönche sind Weltmeister, wenn es darum geht, Gleichmut zu bewahren. In diesem Punkt macht ihnen so schnell keiner etwas vor. Wann hat zuletzt den Buddha etwas auf die Palme gebracht? Niemand kann sich daran erinnern. Und doch stünde ein bisschen mehr Engagement vielen Buddhisten ganz gut zu Gesicht. Gleichmut muss lebendig sein. Wird er zur Gleichgültigkeit, verliert er alles, was ihn ausmacht. Buddhisten sollte es immer darum gehen, die Welt und jedes einzelne Wesen in ihr wertzuschätzen. Die Welt loszulassen und sie gleichzeitig so anzunehmen, wie sie ist, das gehört zusammen. Daher darf ein Buddhist der Welt nicht den Rücken zukehren und gleichgültig werden. Vielmehr muss er sich öffnen und da sein für die Welt, als Liebender. Gelassenheit ohne gelebte Liebe läuft Gefahr, Lethargie zu werden.

Gibt es umgekehrt etwas, das das Christentum vom Buddhismus lernen kann? Meine Antwort lautet: Gelassenheit. Das Christentum ist die Religion der Liebe. Oder zumindest, so sollte man vielleicht besser sagen, eine Religion, in der viel von Liebe die Rede ist. Von der Liebe zu Gott, von der Liebe zum Nächsten. Doch wenn man über eine Sache zu viele Worte verlieren muss, bedeutet das meist, dass man mitunter ein gar nicht so kleines Problem mit ihr hat. So ist es auch mit der Liebe. Über die Liebe zu reden und tatsächlich zu lieben sind zwei verschiedene Dinge. Die Geschichte hat es gezeigt, und in der Gegenwart verhält es sich nicht anders: Christlicher Liebe fehlt es häufig an Gelassenheit. Dann ist sie eine Liebe, die bekehren und herrschen will; die aufdringlich wirkt, selbstgerecht und intolerant.

Es ist nicht einfach, Japanern den Ausschließlichkeitsanspruch des Monotheismus verständlich zu machen. Juden, Christen und Muslime berufen sich auf denselben Gott. Auf Gott, den Vater, der seine Schöpfung liebt und dem Menschen den Auftrag gegeben hat, an seiner statt Liebe walten zu lassen. Wie kommt es aber dann, werde ich gefragt, dass der Krieg zwischen den Gläubigen dieses Gottes kein Ende nimmt? Meistens behelfe ich mich in solchen Situationen mit einem Vergleich und sage, dass dieser Krieg dem Streit zwischen kleinen Kindern ähnele. Mit den Geschwistern ringen sie, wen die Eltern am liebsten haben, und mit den Nachbarskindern debattieren sie darüber, wessen Eltern die größten, klügsten, gerechtesten sind. »Ja, okay«, sagen die Japaner dann, »das ging uns als Kindern nicht anders. Aber wir reden doch jetzt von erwachsenen Menschen!«

Jeder versteht es, kaum einer vermag es zu beherzigen: Liebe ist für den anderen da. Sie darf nicht, wie es leider allzu oft im Alltag der Fall ist, vergiftet sein von Eifersucht und Obsession. Liebe braucht Gelassenheit. Um gelassen zu sein, muss ich mich selbst wie auch den anderen annehmen können, ihn sein lassen. Nur wer sich und den anderen in seinem Sein annehmen kann, erfährt Gelassenheit. So einfach ist es – und so schwer. Wie können wir alle lernen, einen Weg zu finden, der Liebe mit Gelassenheit vereint? Nicht zuletzt um diese Frage soll es in diesem Buch gehen.

Für eine mögliche Antwort werde ich auch ausführlich auf einen Text des japanischen Zenmeisters Dōgen eingehen, in dem sich ganz handfeste Hinweise zur Praxis der Liebe finden lassen. Dōgen lebte im zwölften Jahrhundert und begründete die Soto-Schule, in der ich zum Mönch ordiniert wurde. Daher fühle ich mich seinem Werk in besonderem Maße verbunden. Der Text behandelt vier Arten praktizierter Liebe: das Geben; die Worte der Liebe; die selbstlose Hilfe und die Harmonie. Indem ich ihn anhand vieler Beispiele aus dem Alltag auslege, möchte ich versuchen, seine Aktualität deutlich zu

machen und seine Relevanz auch für westliche Leser aufzuzeigen. Wir müssen versuchen, das Wunder, auf dieser Welt zu sein, mit anderen zu teilen. Denn zu lieben
bedeutet, für andere da zu sein.

Wie wohl jeder kann auch ich mich noch sehr gut an den
ersten Kuss erinnern. Die Welt war dieselbe wie zuvor
und doch völlig verwandelt: bunter, strahlender, freund-
licher. Das Leben zwinkerte mir zu, und alle Zweifel und
Bedenken schienen auf einmal weit weg. Alles hatte sich
verändert, denn ich war glücklich verliebt. Dieses kost-
bare Gefühl hütete ich wie ein Geheimnis. Unmöglich,
jemandem davon zu erzählen. Ein anderer hätte die so
fundamentale Veränderung, die alles erfasst hatte, ohnehin nicht verstanden.

Handelte es sich bei dieser Verliebtheit bereits um
Liebe? Damals wäre ich mir absolut sicher gewesen:
Ja, natürlich war das Liebe, große, unbedingte, rosarote
Liebe. Heute allerdings sehe ich das anders. Ob man liebt,
weiß nur die andere, die geliebte Person. Denn Liebe
beschränkt sich nicht auf das Gefühl von Schmetterlingen im Bauch. Liebe will nicht nur gefühlt, sondern auch
gelebt werden. Ihren wahren Ausdruck findet sie im Alltag. Sie zeigt sich in Blicken, in Worten, in kleinen oder
großen Geschenken. Vor allem aber weiß wahre Liebe,
wann sie sich zurückhalten muss. Sie entspringt einer
Gewissheit, die der verliebte Teenager noch nicht haben
kann, die aber auch uns sogenannten Erwachsenen oft
fehlt: der Gewissheit, in der Welt zu Hause zu sein.

Immer wieder werde ich in diesem Buch auf den

Unterschied zwischen Verliebtheit und Liebe zurückkommen. Es ist der Unterschied zwischen einem wun-
derbaren Gefühl und einer lebenslangen Praxis, die man
wahrscheinlich nie ganz meistern wird. Ohne gefühlte
Liebe fehlt einem die Kraft, Liebe zu leben. Umgekehrt
wird selbst die größte Liebe verebben, wenn sie nur im
Herzen gefühlt und nicht im Alltag gelebt wird.

Wer hat es verdient, ein Liebender genannt zu werden? Nur der, der von sich aus einen anderen liebt? Oder
nicht doch auch der, der auf die Liebe eines anderen
hofft? Der eine will lieben, der andere geliebt werden.
Beide sind sie aufeinander angewiesen – der aktiv Liebende auf den Empfänger seiner Liebe genauso wie der
Geliebte auf jemanden, dem er alles bedeutet. Einen
Unterschied gibt es jedoch: Wer lieben will, muss die
Liebe erst einmal selbst erfahren haben. Wer nie geliebt
wurde, kann auch nicht lieben.

Dieses Buch soll nicht nur graue Theorie enthalten. Ich
will auch von meinen eigenen, manchmal bitteren Erfahrungen mit der Liebe erzählen. Ein Kapitel wird deshalb
von meiner Kindheit, die von Einsamkeit geprägt war,
und von meinen Erinnerungen an die erste große (und
bisweilen auch gar nicht so große) Liebe handeln. In
jenen Jahren waren es oft Songtexte, in denen ich mich
wiederfand, weil sie genau das auf den Punkt brachten,
was ich fühlte und wofür ich selbst noch keine Worte
hatte. Sie waren meine Bibel und meine Wissenschaft,
und ich hätte sie jederzeit den Sätzen weiser Religions-
stifter und Philosophen vorgezogen. Wenn ich sie jetzt

noch einmal zitiere, geschieht das nicht aus Nostalgie; meine Hoffnung ist vielmehr, dass sich auch für Leser, die nicht wie ich während der Achtzigerjahre des letzten Jahrhunderts aufgewachsen sind, etwas von ihrer Kraft und lakonischen Klugheit mitteilt.

Im letzten Kapitel schließlich werde ich auf mein Leben als verheirateter Abt in einem japanischen Zenkloster zu sprechen kommen. Sowohl in der Ehe als auch in der Beziehung zwischen Meister und Schüler geht es dabei nur selten so harmonisch zu, wie es das Lehrbuch der Liebe erwarten lässt. Immer wieder kommt es zu Zerreißproben. Möglicherweise werde ich, indem ich davon erzähle, die Erwartung so manchen Lesers enttäuschen. Ich kenne schließlich die Klischees: Ein Zenmeister ist einer, dem Liebe und Güte aus allen Poren dringen. Leider kann die Wirklichkeit nicht ganz mit dem Idealbild mithalten, zumindest nicht in meinem Fall. Aber vielleicht ist das ja auch ganz gut so. Als jemand zu gelten, der sich keine Gedanken mehr darüber zu machen braucht, wie die Liebe in seinem eigenen Leben und in dem seiner Nächsten wachsen kann, ist keine besonders verlockende Vorstellung.

Allein auf weiter Flur

Sometimes I feel like a motherless child
Long way from my home

Traditional

Was ist Ihnen wichtig im Leben? Streben Sie nach Erfolg und Anerkennung im Beruf, oder ist Ihnen Zeit für sich selbst und Ihre Angehörigen wichtiger? Möchten Sie am liebsten jeden Tag eine neue Herausforderung meistern, oder sehnen Sie sich nach Ruhe? Geht es Ihnen um Freiheit und Ungebundenheit, oder legen Sie Wert auf Harmonie und Gemeinschaft? Bedeuten Ihnen Gesundheit und Zufriedenheit mehr als Geld und Karriere? Oder warten Sie nur darauf, das in Ihnen schlummernde Potenzial endlich zu entdecken und seiner Bestimmung zuzuführen?

Laut einer Umfrage, über die die *Japan Times* im Dezember 2017 berichtete, wünschen sich sechzig Prozent der ungebundenen japanischen Männer eine Freundin. Doch nur jeder Fünfte von ihnen möchte heiraten und eine Familie gründen. Bei den Frauen zeigte sich ein anderes Bild. Hier bekundeten fast zwei Drittel ihr Desinteresse an einer romantischen Beziehung. »Warum soll ich meine Zeit mit dem Besuch einer Single-Börse verschwenden, wenn ich doch *Boys × Girls Next Door* auf »Cool TV« schauen kann?«, gab eine der Befragten zu Protokoll. Nicht die Einzige, die Liebeleien eher in einem Reality-Format als in der Realität erleben wollte. Überraschenderweise aber war der Hochzeitswunsch in der Damenwelt umso ausgeprägter. Vier von fünf Frauen bekräftigten den Wunsch, in naher oder zumindest näherer Zukunft heiraten und eine Familie haben zu wollen.

Ein interessanter Widerspruch. Für die japanischen Frauen scheinen die Männer nicht mehr als ein Mittel zum Zweck der Familiengründung zu sein, während es den Männern offenbar bloß um das immer neue Erleben unverbindlicher Romantik geht. Zumindest Letzteren kann geholfen werden. Für umgerechnet fünfzig Euro pro Stunde kann ein sich nach Zweisamkeit verzehrender Romantiker bei einem Service namens »Rent-a-Girlfriend« eine Herzensdame auf Zeit bestellen – auf rein platonischer Basis wohlgemerkt. Das kurze Beziehungsglück erstreckt sich allein auf gemeinsame Besuche im Kino oder im Restaurant. Ausflüge an den Strand oder ins örtliche Schwimmbad sind dagegen strikt untersagt, weil sie mit dem Zeigen von zu viel nackter Haut verbunden wären.

Wie sieht es in Deutschland aus? Nach einer Allensbach-Umfrage steht für die meisten Deutschen in ihrem Leben die Liebe an erster Stelle, und zwar die Liebe innerhalb der Familie. Das mag überraschen, schließlich galt bis vor Kurzem die Familie als eine Art schwarzes Loch, in dem alle Energie, alles Geld und alle Freiheit auf Nimmerwiedersehen verschwinden. Familie, das war für viele nur eine Handvoll Menschen auf engstem Raum, die außer Zufall und Gene nicht viel verband. Noch niedrigere Werte auf der Beliebtheitsskala erzielte nur noch die Kombination von Familie und Arbeit. Sie erschien als Todfeind jeder Selbstverwirklichung.

Daher liegt es nahe, den Zuspruch, den Liebe und Familie gegenwärtig erfahren, weniger als Ausdruck einer realen Entwicklung, sondern eher als Abbild einer Sehnsucht zu interpretieren. Denn tatsächlich nimmt die Zahl der Familien in Deutschland eher ab statt zu – was nur bedeuten kann, dass immer weniger Menschen, obwohl sie es sich anders wünschen, in ihrem Leben die Liebe fühlen, die für sie mit dem Wort »Familie« verbunden ist.

Was haben James Bond, Luke Skywalker und Harry Potter gemeinsam? Richtig, es sind moderne Helden, die jeder aus dem Kino oder aus Büchern kennt. Aber noch etwas verbindet sie: Sie haben alle drei früh ihre Eltern verloren. Keine Mutter hat dem Spion im Dienst ihrer Majestät je Plätzchen zu Weihnachten geschickt. Ein ähnliches Schicksal traf Superman, Batman und Spider-Man. Und Hänsel und Gretel schlugen sich alleine durch den dunklen Wald, weil die Eltern sich in ihrer Not nicht anders zu helfen wussten, als ihre Kinder auszusetzen.

Kinder ohne Eltern. Kinder, verlassen und allein auf weiter Flur. Mir scheint, dass selbst Jesus in dieses Schema passt. Man kann davon ausgehen, dass seine Kindheit geprägt war von der Frage: Wer ist mein wirklicher Vater? Sein Verhältnis zur Mutter gibt ebenfalls Rätsel auf. Während der Hochzeit zu Kana, bei der Jesus Wasser in Wein verwandelt, will er von Maria wissen: »Was habe ich mit dir zu schaffen, Frau?« Ich denke, das zeigt Jesus' Suche nach einem Daseinsgrund. Er stellt die Fragen, die uns allen wohl schon mal den Schlaf geraubt haben: Wer bin ich? Und warum bin ich hier? Die er für seine Eltern hielt, Maria und Josef, vermochten ihm darauf keine Antwort zu geben.

Später ruft Jesus am Kreuz: »Mein Gott, mein Gott, warum hast du mich verlassen?« Den Theologen haben diese Worte viele Schwierigkeiten bereitet. Warum soll sich Jesus am Kreuz von Gott, seinem Vater, verlassen fühlen? Geschah es nicht aus freien Stücken, dass er das Kreuz auf sich nahm? Hat er sich nicht dem Willen des Vaters vollkommen überlassen? Und überhaupt: War Jesus nicht selbst Gott? Zahlreich und voller hermeneutischer Finesse sind die Antworten, die die Kirche über die Jahrhunderte auf diese Fragen gefunden hat. Unbezweifelbar blieb dabei nur eines: Mit Jesus am Kreuz spricht ein Mensch, der sich von der Welt verlassen fühlt, der ganz allein ist in seinem Leid.

Warum üben gerade die elternlosen oder verlassenen Kinder und jungen Erwachsenen eine so große Faszination auf uns aus, wenn wir ihnen in Filmen oder in der Literatur begegnen? Weil wir uns alle mit ihnen identifizieren können. Auch wenn wir unsere Eltern noch haben, ändert das nichts daran, dass wir uns in so mancher Stunde vom Leben selbst stiefmütterlich behandelt fühlen. Jeder von uns wird allein in diese Welt geboren, und jeder von uns ist allein, wenn er stirbt. Man kann sogar sagen, dass jeder mit seiner eigenen Welt geboren wird, und wenn er stirbt, stirbt diese Welt mit ihm.

Auch während der siebzig, achtzig Jahre, die jemand in seiner Welt lebt, ist er allein. Es gibt nur einen Menschen, durch dessen Augen er die Welt sieht, nur einen, mit dessen Ohren er hört, und auch nur einen, dessen Gedanken und Gefühle er wirklich versteht; das ist er selbst. Zu dem, was Außenwelt heißt und was er mit seinen Mitmenschen teilt, scheint er nur indirekten Zugang zu haben, und die Innenwelt der anderen bleibt ihm sogar oft ganz verschlossen. Oder gilt das etwa nur für mich?

Keiner will sein Leben lang allein sein in der Welt. Wir sehnen uns nach Nähe, Wärme, Zärtlichkeit, Mitgefühl. Wir wünschen uns, andere Menschen verstehen zu können und von ihnen verstanden zu werden. Wir wollen lieben und geliebt werden, nicht morgen oder übermorgen, sondern jetzt. An was für eine Liebe denken wir dabei? An unbedingte, vorbehaltlose Liebe, die uns Teil eines größeren Ganzen werden lässt; an Liebe, die uns so akzeptiert, wie wir sind, und uns gleichzeitig Raum lässt zu wachsen. Liebe, die an unsere Möglichkeiten glaubt und sie fördert.

Was ist das Gegenteil von Liebe? Die Antwort ist so naheliegend, dass sie banal erscheint: der Hass.

Wird Liebe allzu fordernd und berauscht sie sich an ihrer Macht, ist es nur eine Frage der Zeit, bis sie sich in Hass verwandelt, und zwar sowohl bei dem, der liebt, als auch bei dem, der Ziel dieser Liebe ist. Wie groß ist der Abstand zwischen Liebe und Hass? Oft erleben wir es, dass von einem auf den anderen Moment die Gefühle umschlagen können. Es könnte also sein, dass der Hass bloß die Nachtseite der Liebe und deshalb untrennbar mit ihr verbunden ist. Tatsächlich bin ich daher der Überzeugung, dass das eigentliche Gegenteil der Liebe nicht der Hass ist, sondern die Herzenskälte.

Denn der Mensch, den man hasst, ist einem genauso wie der Mensch, den man liebt, nicht gleichgültig. Nie wird man jemanden so leidenschaftlich hassen wie den, den man einst geliebt hat. Was wir lieben, ist uns wichtig. Was wir hassen, ebenfalls – nur mit umgekehrten, mit negativen Vorzeichen. Lieben bedeutet zuallererst Wichtignehmen. Und der Wunsch, geliebt zu werden, bedeutet, dass man wichtig genommen werden will. Ich darf den anderen nicht nur deshalb wertschätzen, weil er mein Leben bereichert, sondern ich muss ihn als das Wesen, das er ist, annehmen und gleichzeitig loslassen. Auch ich will ja nicht nur deshalb wertgeschätzt werden, weil ich für jemanden etwas verkörpere, was *ihm* wichtig ist. Ich will als das Wesen, das ich bin, wichtig genommen werden – weil ich wie jeder andere zu dieser Welt gehöre.

Nirgendwo fehlt die Liebe so sehr wie bei einem Menschen, dem die Welt gleichgültig ist; der sich verloren fühlt und deshalb mit allem abgeschlossen hat; dem niemand wichtig ist und der glaubt, für niemanden wichtig zu sein. Dagegen wird ein Mensch, der die Welt liebt, jedes einzelne Ding in ihr wichtig nehmen, und zwar genau so, wie es ist. Aber das gelingt ihm nur, wenn er sich selbst, an seinem Ort und als der Mensch, der er ist, wichtig nimmt. Nicht zu wichtig, wohlgemerkt! Liebe, die sich über andere erhebt, ist keine. Wer kein Gewicht im eigenen Leben spürt, das ihn auf die Welt verweist, wird auch andere nicht lieben können. Vergeblich wird er auf die Liebe der anderen warten, nach der er sich sehnt.

Liebe. Wir benennen mit diesem Wort so vieles. Ein Gefühl, das uns die Brust zum Glühen bringt. Eine Verbindung, die man zu seinen Kindern spürt. Die Nähe zum Partner oder zu engen Freunden. Die Verehrung der Natur. Die Hingabe an Ideale, Werte, vielleicht an Gott. Der eine liebt Fast Food, der andere das Vaterland. Liebe kann Seelenverwandtschaft meinen, »Liebe machen« bedeutet Sex. So viele Formen der Liebe. Worin unterscheiden sie sich, und was ist ihnen allen gemein?

Im Folgenden möchte ich die verschiedenen Bedeutungen, die wir der Liebe geben, einander gegenüberstellen und in ihrer jeweiligen Besonderheit würdigen. Orientieren möchte ich mich dabei an den vier Begriffen, mit denen in der griechischen Antike versucht wurde, Ordnung ins Liebesdurcheinander zu bringen: *Storge*, *Eros*, *Philia* und *Agape*.

Liebe, die einem
in den Schoß fällt

Das Rufen der Affen
Die Stimme des Tals
Tag und Nacht höre ich
Buddhas Botschaft

Schnee auf der Flur
Kein Grashalm zu sehen
Ein Reiher verbirgt sich
In seiner eig'nen Gestalt

Dōgen

Storge bezeichnet das Gefühl, willkommen in der Welt zu sein. *Storge* ist die erste und scheinbar trivialste Form der Liebe. Man könnte sie »biologische Liebe« nennen, denn sie scheint zur genetischen Ausstattung des Menschen zu gehören. Ein Kind verspürt *Storge* auf dem Schoß der

Mutter, und der Mutter geht es nicht anders, wenn sie ihr Kind im Arm hält.

Jedes Kind ist fest davon überzeugt, dass die eigene Mutter die beste ist. Warum eigentlich? Die Auswahl ist doch so groß. Es gibt Milliarden von Frauen auf dieser Welt, von denen ganz sicher viele hübscher sind, leckerere Sachen kochen oder mehr Erziehungsratgeber gelesen haben als gerade jene Frau, an deren Hand das Kind vergnügt die Straße entlanggeht. Trotzdem müsste man wohl sehr lange suchen, um ein Kind zu finden, das sagt: »An erster Stelle kommt für mich Frau Merkel! Und dann Lady Gaga! Und Mama kommt an dritter Stelle!«

Wenn ein Kind bei seiner leiblichen Mutter aufwächst, ist die Chance groß, dass es seine Mutter ein Leben lang lieben wird. Und ein während der ersten Jahre adoptiertes Kind wird seine Ziehmutter lieben, selbst wenn es später seiner leiblichen Mutter begegnen sollte. *Storge* knüpft ein starkes Band. Der Biologe Konrad Lorenz hat gezeigt, dass das selbst bei Enten nicht anders ist.

Warum liebt eine Mutter ihr Neugeborenes mehr als alle anderen Kinder? Die Auswahl ist doch so groß. Es gibt doch Millionen von anderen Babys, von denen ganz sicher viele süßer und aufgeweckter, möglicherweise auch gesünder sind als das eine, das sie auf die Welt gebracht hat. 70 368 744 177 664 Kombinationen ließen sich aus den Chromosomensätzen der Eltern herstellen. Darunter wäre sicher auch die eine, die optimale, die für ein Leben mit den besten Startbedingungen sorgen würde. Könnte deshalb eine Frau das Angebot eines Gentechnologen annehmen, ihr Baby gegen ein solcherart »perfektes« Wesen auszutauschen? Wohl kaum. Als Grund für die Ablehnung würde ihr ein Satz genügen: »*Das* ist doch mein Kind!«

Die Dinge verkomplizieren sich, hat eine Frau mehrere Kinder zur Welt gebracht. Ich spreche nicht von einer Entscheidung auf Leben oder Tod, wie sie Meryl Streep im Film *Sophies Entscheidung* treffen muss, weil sie von einem KZ-Aufseher dazu gezwungen wird, eine Wahl zwischen ihrem Sohn und ihrer Tochter zu treffen – nur um am Ende beide Kinder zu verlieren. Nein, selbst wenn ein Kind einfach nur wissen will, welches von den Geschwistern der Liebling der Mama ist, kann das die Mutter vor ein großes Dilemma stellen. Es gibt die Geschichte von der japanischen Frau, die gemeinsam mit ihrem Mann zwölf Kinder großgezogen hat. Fast jeden Monat gab es einen Geburtstag zu feiern, und dafür hatten sich die Eltern etwas Besonderes ausgedacht. Das Geburtstagskind durfte wählen, ob es am Festtag entweder mit dem Vater oder mit der Mutter in ein Restaurant gehen wollte. Alleine sein mit einem Elternteil, das war in einer so großen Familie übers Jahr kaum möglich. Aber hinter der Idee steckte auch noch ein eher prosaischer Grund: Essen zu gehen mit der ganzen Familie, dafür reichte das Geld nicht. Bei solch einem Geburtstagsausflug nutzte nun eines der Kinder die Gelegenheit, endlich einmal unter vier Augen mit der Mutter zu sein. Es nahm sich ein Herz und fragte sie: »Welches von uns zwölf Kindern hast du eigentlich am liebsten, Mama?« Darauf antwortete die Mutter: »Weißt du das denn nicht? Ich habe dich am liebsten! Aber das ist ein Geheimnis, das du in keinem Fall den anderen verraten darfst.«

Jahrzehnte später starb die Mutter, und die zwölf inzwischen längst erwachsenen Geschwister kamen zusammen, um Abschied von ihr zu nehmen. Sie weinten und lachten und riefen besonders schöne Erinnerungen herauf. Dann holte eine der Töchter tief Luft und erzählte das Geheimnis, das ihr die Mutter anvertraut hatte. »Was?«, riefen alle anderen, »dir hat sie das auch gesagt?«

Die meisten Eltern werden beteuern, all ihre Kinder in gleichem Maße zu lieben (auch wenn es sich dabei manchmal um eine Notlüge handelt). Kinder geben sich damit jedoch nur schwer zufrieden. Die japanische Mutter in der Geschichte muss das geahnt haben. Denn obwohl jedes Kind weiß, dass es damit Unmögliches verlangt, möchte es das am meisten geliebte sein. So wie es selbst ja auch die eigene Mutter am liebsten hat. Eine Einschränkung oder auch nur ein winziges Zögern seitens der Eltern kann zu einer emotionalen Katastrophe führen. Sogar Einzelkinder werden eifersüchtig, wenn sie merken, dass Mutter und Vater sich noch für andere Dinge interessieren als ausschließlich für die Belange des Nachwuchses.

Ein anderer Fall von *Storge* ist die Heimatliebe. Mit der Gegend, in der wir als Kinder aufgewachsen sind, verbinden uns, solange wir leben, ganz spezielle Gefühle. Wenn man nach vielen Jahren in der Ferne zurückkommt und den Apfelbaum sieht, auf den man als Kind geklettert ist, fühlt es sich beinahe so an, als würde man einer alten Liebe wiederbegegnen. Der Morgennebel auf den Feldern; der besondere, unverwechselbare Geruch des Moors; der Findling, der schon in der Kindheit an genau dieser Stelle lag – mit alldem verbindet uns *Storge*. Auch unsere Geschmacksnerven werden früh geprägt. Deshalb lieben wir oft noch als Erwachsene Speisen, die wir schon als Kind gern gegessen haben. Vor allem, wenn sie so zubereitet sind, wie die Mutter es immer gehalten hat.

Die Vaterlandsliebe scheint mir ebenfalls eine Form von *Storge* zu sein. Ich habe schon einige US-Amerikaner getroffen, die mir voller Nachdruck versicherten: »Natürlich liebe ich mein Land. Wie könnte ich nicht? Keiner kann doch ernsthaft bezweifeln, dass die USA das beste Land der Welt sind!« Für sie muss Amerika gar nicht erst wieder »*great*« gemacht werden.

In Deutschland hingegen hat Patriotismus jahrzehntelang im öffentlichen Diskurs kaum eine Rolle gespielt. Das beginnt sich gerade zu ändern. Was nicht per se etwas Schlechtes sein muss, wenn sich dahinter einfach eine besondere Verbindung zur eigenen Heimat verbirgt. Allerdings – und da fangen dann die Probleme an – sitzen viele der neuen Patrioten einem Irrtum auf. Keiner liebt sein Land, weil es die meisten Nobelpreisträger oder die coolste Musik hervorgebracht hat; weil es das sicherste oder das reichste ist – sondern nur aus einem einzigen, durchaus naheliegenden Grund: weil er in diesem Land geboren und aufgewachsen ist. Das ist dann aber auch schon alles.

Manchmal erzählen mir Japaner, dass sie in ihrer

Jugend kaum Stolz auf ihr Land empfunden hätten. Erst nach Reisen ins Ausland sei ihnen klar geworden, welches Glück es bedeute, als Japaner geboren worden zu sein. Niemand kann sich aussuchen, wo er zur Welt kommt. Dass man sich in einem bestimmten Land zu Hause fühlt, sagt nichts über dessen Qualität aus. Das Gefühl resultiert allein aus der Tatsache, dass man dort zur Welt gekommen und groß geworden ist. So wie ein Kind die Mutter liebt, weil es *seine* Mutter ist. Es darf dabei eben nur nie vergessen, dass das für jedes andere Kind genauso gilt. Und für alle Patrioten und ihre Liebe zum Vaterland erst recht. Oder, wie Bertolt Brecht einmal schrieb: »Und das Liebste mag's uns scheinen / So wie andern Völkern ihrs.«

Was alle Formen der Liebe, die sich unter dem Begriff *Storge* zusammenfassen lassen, eint, ist die Bedingungslosigkeit. Wir lieben unsere Mutter, die Natur, die Heimat bedingungslos, weil wir uns selbst ohne Bedingungen geliebt, angenommen, aufgehoben fühlen. Worauf sich *Storge* richtet, das ist einem gegeben. Man muss es sich nicht erwählen. Nicht das Kind die Mutter, nicht der Bewohner das Land.

Noch während ich den letzten Satz schrieb, kamen mir Zweifel. Stimmt das mit der bedingungslosen Selbstverständlichkeit denn wirklich? Seit so langer Zeit lebe ich nun schon in Japan. Ab und zu fragt man mich, warum ich denn noch nicht die japanische Staatsangehörigkeit angenommen hätte. Eigentlich ein naheliegender Gedanke. Natürlich fühle ich mich Japan, meiner

Wahlheimat, sehr verbunden. Ich kann mir auch durchaus vorstellen, dass sich mein Grab einmal hier befinden wird. Wenn im Fernsehen die japanische Nationalmannschaft spielt, drücke ich ihr die Daumen. Nur wenn es gegen Deutschland geht, gerate ich etwas ins Straucheln. Mal feuere ich die Deutschen an, deren Namen und Gesichter sich so sehr von denjenigen der Schwarzenbecks und Maiers meiner Kindheit unterscheiden. Dann wieder schlage ich mich auf die Seite der japanischen Spieler, die mir aus den täglichen Nachrichten vertraut sind. Manchmal stimmt es also doch: »Zwei Seelen wohnen, ach! in meiner Brust.«

Nicht nur die Gesichter der deutschen Fußballspieler haben sich geändert. Es war zwar längst überfällig, aber überrascht hat es mich trotzdem, dass Deutschland 2005 zum ersten Mal eine Frau ganz an die Spitze wählte. Ebenso überrascht war ich vier Jahre später, als ich im Internet von Angela Merkels neuem Gesundheitsminister las: Philipp Rösler war in Südvietnam geboren worden. Ich ahnte, was auf ihn zukommen würde. Die Presse würde ihm die immer gleichen Fragen stellen. Und so kam es dann auch. Andauernd musste Rösler erklären, dass er keine asiatischen Kampfsportarten beherrsche und sogar nicht einmal regelmäßig beim Vietnamesen esse.

Fast schien es, als nähme man Rösler übel, dass er sich nicht übermäßig für seine Wurzeln in Vietnam interessierte, ein Land, an das er sich kaum erinnern konnte und das nie seine Heimat gewesen war, weil ein deutsches Paar ihn schon als ganz kleines Kind aus einem Waisenhaus geholt und adoptiert hatte.

Ich selbst reagiere zunehmend ermüdet, wenn ich zum x-ten Mal erklären soll, warum es mich nach Japan verschlagen hat, noch dazu so tief in die Berge. In Japan werde ich oft vorgestellt als der Zenmeister mit den blauen Augen. Als ob es wichtig wäre, ob man die Welt durch blaue oder durch schwarze Augen wahrnimmt! Es sollte doch einzig darauf ankommen, *was* man mit diesen Augen sieht. Deshalb kann ich mir gut vorstellen, dass Rösler die Fragen der Reporter irgendwann nicht mehr hören konnte. Anstatt seine Meinung zu einem politischen Thema äußern zu können, sollte er beispielsweise wieder und wieder erklären, warum er denn um alles in der Welt den Staatsbesuch in Vietnam nicht für die Suche nach seiner eigenen Vergangenheit nutze. Rösler reagierte darauf erfrischend trotzig: »Wer etwas sucht, erweckt den Eindruck, als fehle etwas. Mir aber hat niemals etwas gefehlt.«

Im Vergleich zu Deutschland ist die japanische Gesellschaft sehr homogen. Obwohl ihre Zahl zunimmt, gibt es noch immer nur sehr wenige Einwohner mit ausländischer Staatsangehörigkeit. 2017 waren es etwas mehr als zwei Millionen, was gerade einmal zwei Prozent der Gesamtbevölkerung ausmacht. Ein Großteil derer, die mit einem ausländischen Pass in Japan leben, sind Abkömmlinge koreanischer Zwangsarbeiter, die vor oder während des Zweiten Weltkriegs nach Japan verschleppt worden sind. Sie werden Korea-Japaner genannt. Sie sind in Japan geboren und aufgewachsen und sprechen oft auch nur Japanisch. Obwohl sie einen koreanischen Pass besitzen, waren viele von ihnen noch nie in Korea. Mühelos könnten sie sich in Japan einbürgern lassen, doch das käme ihnen nicht in den Sinn. Sie betrachten Korea als einen Teil ihrer Identität, den sie niemals aufgeben würden. Sie hören K-Pop, die koreanische Popmusik, und sehen sich koreanische Fernsehserien an. Selbstverständlich mit japanischen Untertiteln! In Japan fühlen sie sich als Koreaner, aber kommen sie dann doch einmal nach Korea, müssen sie feststellen, dass sich dort nichts wie Heimat anfühlt. Für gewöhnlich nennen wir Heimat den Ort, an dem wir uns zu Hause fühlen. Vielleicht ist Heimat manchmal aber auch genau da, wo man gerade nicht ist.

Es gibt Leute, die glauben, dass die Konflikte, die die Welt in Atem halten, auf ganz einfache Weise gelöst werden könnten. Wie wäre es, wenn jeder von uns mindestens zwei Staatsangehörigkeiten besäße? Wenn diesseits und jenseits der Grenzen ein kunterbuntes Durch- und Miteinander herrschte, gäbe es doch keinen Grund mehr, Kriege zu führen! Mich überzeugt dieser Ansatz nicht sehr. Ich fürchte, dass eine Welt, in der sich jeder überall zu Hause fühlt, eine wäre, in der niemand wirklich eine Heimat hätte.

Natürlich kann es gelingen, in zwei oder mehr Kulturen zugleich zu leben. Mir kam es jedoch während meiner ersten Zeit in Japan so vor, als hätte ich mich zwischen alle Stühle gesetzt. Sicher, ich hatte mir das Land selbst ausgesucht. Ich wusste auch, dass ich gekommen war, um länger zu bleiben. Aber jeden Tag aufs Neue wurde ich daran erinnert, dass ich ein Fremder war. Weder sprach ich die Sprache so flüssig wie ein Japaner, noch sah ich auch nur im Entferntesten wie einer aus. Noch nach Jahren kam ich mir »anders« vor. Nicht, dass ich mich als Deutscher gefühlt hätte, Gott bewahre! Ich legte vielmehr gesteigerten Wert darauf, bei jeder sich bietenden Gelegenheit nachdrücklich darauf hinzuweisen, dass es sich bei mir keinesfalls um einen typischen Deutschen handle. Die Japaner nickten dann bloß nachsichtig: »Ach, du auch? Stimmt, das erzählen uns ja alle Deutschen, die nach Japan kommen!«

Was könnte deutscher sein als der zum Scheitern verurteilte Versuch, sich im Ausland von allem Deutschen zu distanzieren? Nicht viel. Also, wer war ich dann? Ich konnte keine klare Antwort geben. Aber manchmal kann es tatsächlich wichtig sein, eine zu haben. Denn wer nicht weiß, wer er selbst ist, dem wird es auch schwerfallen, die Identität anderer anzuerkennen.

Heute würde ich deshalb freimütig bekennen: »Ja klar, ich bin Deutscher!« Das Land, in dem ich geboren wurde, ist ein wichtiger Abschnitt meiner Biografie, und daran wird sich auch bis zu meinem Tod nichts mehr ändern. Die Natur meiner Verbindung zu Deutschland könnte man *Storge* nennen. Ich habe mir diesen Teil meiner Identität nicht selbst gewählt. Er wurde mir gegeben, und ich habe ihn angenommen. Anders verhält es sich mit meinem Verhältnis zu Japan. Hier zu leben war meine eigene Entscheidung. Deshalb verbinden mich mit den beiden Ländern auch verschiedene Formen der Liebe. Die Liebe zu Japan würde man im Griechischen statt mit *Storge* eher mit dem Begriff *Philia* bezeichnen, auf den ich später noch zurückkommen möchte.

Über meine Religion lässt sich Ähnliches sagen. Ich bin Buddhist, daran besteht kein Zweifel. Buddhismus ist die Religion, die ich mir selbst ausgesucht habe, also *Philia*. Ich wurde aber in einem christlichen Elternhaus geboren und wuchs bis zu meinem sechsten Lebensjahr sogar in einem Pastorenhaushalt auf. Als Student trat ich zwar aus der Kirche aus, aber nach wie vor verbindet mich noch etwas mit dem Christentum, wie nicht zuletzt dieses Buch zeigt. Diese Verbindung, die ich weder kappen kann noch will, ist die Liebe, die mit *Storge* gemeint ist.

Dass man in Japan mit eher wenig Platz auskommen muss, weil die Wohnverhältnisse für gewöhnlich beengt sind, dürfte allgemein bekannt sein. Auch wir fünf – meine Frau und ich sowie unsere drei Kinder – haben lange Zeit in nur zwei Räumen des Klosters gewohnt, der eine zehn, der andere dreizehn Quadratmeter groß. Erst als unsere Tochter dreizehn wurde, bekam sie ihr eigenes kleines Reich. Der Rest der Familie hat es dagegen noch immer recht kuschelig. An ein und demselben Tisch macht mein älterer Sohn Hausaufgaben, während sein Bruder spielt und meine Frau und ich versuchen, uns auf unsere Arbeit zu konzentrieren. In Japan spricht man in so einem Fall von *skinship* – ein Kunstwort, das sich aus den englischen Wörtern *skin* (Haut) und *kinship* (Sippe, Verwandtschaft) zusammensetzt. Japaner verstehen nämlich eine enge Bindung nicht als Fessel. Für sie wäre eine deutsche Formulierung wie »sich gegenseitig auf die Pelle rücken« undenkbar.

Anders als meine Kinder hatte ich schon ganz früh ein Zimmer nur für mich. Die Familie traf sich im Grunde ausschließlich zu den Mahlzeiten oder zum gemeinsamen Fernsehen, das ich aber bald schon schwänzte. Ich zog das Alleinsein vor. Ich las in meinen Büchern oder hörte Kassetten, und niemand störte mich dabei. Solcher Freiraum kann ein Anreiz zu eigenverantwortlichem Handeln sein. Er kann aber auch ein Gefühl von Einsamkeit erzeugen.

Japaner dagegen scheinen sich nie wirklich von den Eltern abzunabeln, was uns Deutschen wie eine befremdliche Abhängigkeit vorkommen kann. Ins Positive gewendet, lässt sich aber auch sagen, dass in Japan *Storge*, die biologische Liebe, wohl mehr zählt als ein ausgeprägter Individualismus. Was ist wichtiger – die Selbstständigkeit des Einzelnen oder das Verankertsein im Elternhaus? Vermutlich kommt es auf beides an. Um seinen eigenen Weg gehen zu können, muss man wissen, wer man ist und woher man kommt.

Wenn man mich danach fragt, führt meine Antwort regelmäßig zu Verwunderung: Ich erziehe meine Kinder nicht zweisprachig. Dabei gäbe es dafür doch die besten Voraussetzungen. Wenn ein Kind schon als Säugling zwei Sprachen im Alltag hört, wird es später recht mühelos auch beide Sprachen lernen und sich eine von ihnen nicht erst in der Schule oder gar als Erwachsener mühsam aneignen müssen. Ich kenne viele Paare, bei deren Kindern das prima funktioniert hat. Auch meine (japanische) Frau schlug am Anfang unserer Ehe vor, dass ich doch versuchen könne, mit unseren Kindern Deutsch zu sprechen, wären sie erst einmal auf der Welt. Als zweisprachig Aufwachsende hätten meine Kinder später eventuell bessere berufliche Perspektiven und könnten sich auch einen größeren Freundeskreis aufbauen.

Ich habe mich dagegen entschieden. Ein Grund dafür war meine Liebe zum Japanischen. Obwohl ich erst mit achtzehn zum ersten Mal mit ihr in Berührung kam, fühle ich mich in dieser Sprache so wohl, dass ich zu Hause gar kein Bedürfnis habe, Deutsch zu sprechen. Zumal ich im Kloster immer wieder Besuch aus Deutschland bekomme und so kaum ein Tag vergeht, an dem ich keine Sätze aus der alten Heimat höre.

Aber das ist nicht alles. Denn da ist auch noch der innere Widerstand, den ich jedes Mal verspüre und überwinden muss, wenn ich Deutsch mit meinen Kindern spreche. Vielleicht resultiert er aus der unterschiedlichen grammatikalischen Struktur der beiden Sprachen. Im Deutschen sagt man seinen Kindern: »Ich hab dich lieb!« Und bekommt hoffentlich als Antwort: »Ich hab dich auch total lieb, Papa!«

Wer da wen lieb hat, wird ganz klar mitgeteilt. »Ich«, der Sprecher, drücke »meine« Zuneigung gegenüber einem anderen Menschen aus. Gleichzeitig schaffe ich dadurch aber auch eine letztlich nicht zu überbrückende Distanz. Denn ich sage: Ich bin nicht du, aber ich habe dich trotzdem lieb. Besonders schmerzhaft wird es, wenn die erwartete (und erhoffte) Reaktion einmal ausbleibt und die eigene Liebesbekundung im Schweigen verhallt.

Im Japanischen sagt man dagegen einfach *suki*, wenn

man seine Zuneigung zum Ausdruck bringen will. *Suki* hat mit *Sukiyaki*, dem japanischen Eintopf, nichts zu tun, sondern bedeutet: gernhaben. Wer das noch etwas mehr betonen will, kann *dai suki* oder *dai, dai, dai suki* sagen, denn *dai* heißt »groß«. Etwas umständlicher ginge auch: *Watashi* (ich) *ha* (habe) *anata no koto ga* (alles, was dich betrifft) *suki da yo* (lieb). Das genügt höchsten grammatikalischen Ansprüchen, fügt aber letztlich einem einfachen *suki* nichts Nennenswertes hinzu.

Überhaupt: Wenn man erst einmal Subjekt, Prädikat und Objekt hübsch der Reihe nach auf die Kette fädeln muss, um seine Zuneigung zu erklären, dann ist das für die Japaner ein beinahe untrügliches Zeichen dafür, dass es mit dieser Zuneigung vielleicht doch nicht ganz so weit her ist, wie es einen der Sprecher glauben machen will. Für die Liebe gilt das erst recht. »Ich liebe dich!« heißt auf Japanisch *Ai shite iru yo. Ai* ist die Liebe, *shite iru* bezeichnet ein andauerndes Gefühl, und bei dem *yo* am Ende handelt es sich um ein sogenanntes Expletivum, das die Funktion eines Ausrufezeichens erfüllt. Auch hier wird also nicht genau gesagt, wer wen liebt. Wenn Liebende es nicht fühlen, dass sie gemeint sind und die Liebe wechselseitig erwidert wird, ist ihnen sowieso nicht zu helfen, würde ein Japaner wahrscheinlich denken.

Und was sagt man in Japan, wenn man jemanden nicht mehr mag? *Kirai!* Oder, etwas deutlicher, wenn man den anderen überhaupt und so ganz und gar nicht mehr sehen kann: *Dai, dai, dai kirai!* Wie oft habe ich mir das schon von meinen trotzigen Kindern anhören müssen!

Doch gleichzeitig, so paradox das klingen mag, teilen sie mir damit auch ihre Zuneigung mit. Denn auch hier wird nicht mitgeteilt, wer die Abneigung verspürt und gegen wen sie sich richtet. Meine Kinder wissen sowieso, dass ich sie verstehe, auch ohne Subjekt und Objekt in ihrem Satz. Weil sie eben mich verstehen. Was wiederum nicht möglich wäre ohne die Zuneigung, die selbst in einem noch so entschlossenen *Kirai!* immer mit zum Ausdruck kommt.

Es gibt noch einen anderen Grund, weshalb ich mich nicht auf Deutsch mit meinen Kindern unterhalte. Ich will nämlich, dass sie immer wissen, was ihre Muttersprache ist. Spätestens in der Pubertät beginnt man sich zum ersten Mal die großen Fragen zu stellen: Warum bin ich genau dieser Mensch, der ich bin, und nicht vielmehr ein anderer? Und wer ist das, der sich das fragt? Wer bin ich?

Der Buddhismus besteht darauf, dass das Ich eine Konstruktion ist, und ich stimme dem auch zu. Gleichzeitig aber halte ich diese Konstruktion für unbedingt notwendig. Für ein Kind kann es von großer Bedeutung sein, einen Vater und eine Mutter zu haben und zu wissen: Das sind »meine« Eltern. Oder sagen zu können: Das ist »meine« Heimat. Daher muss es durchaus keine Verarmung bedeuten, nur eine Muttersprache und nicht zwei oder drei zu haben, von denen letztlich keine wirklich »meine« ist.

Als Buddhist mit christlichen Wurzeln teile ich die Hoffnung, dass es der Menschheit eines Tages gelingen

möge, trotz aller Differenzen brüderlich zusammenzuleben. Voraussetzung dafür ist die Form der Liebe, die
Storge heißt und die ich für so wichtig halte. Wenn ein
Kind Liebe erfahren hat; wenn auch noch der Erwachsene sich in ihr aufgehoben und behütet fühlt, wird es
ihm leichterfallen, die Sehnsucht anderer Menschen zu
verstehen. Jeder will anerkannt und geliebt werden als
der, der er ist. Aber immer ist da zu wenig von dieser
bedingungslosen Liebe. Kein Wunder also, dass wir uns
manchmal alle wie Waisenkinder fühlen – leider als solche ohne Superheldenkräfte.

Auf der Suche nach der
verlorenen Hälfte

Warst mir die mütterlichste der Frauen,
ein Freund warst Du, wie Männer sind,
ein Weib, so warst Du anzuschauen,
und öfter noch warst Du ein Kind.

Du warst das Zarteste, das mir begegnet,
das Härteste warst Du, damit ich rang.
Du warst das Hohe, das mich gesegnet –
und wurdest der Abgrund, der mich verschlang.

Rainer Maria Rilke

Die Geborgenheit, die ein Kind bei der Mutter erfährt. Das Aufatmen bei der Rückkehr in die seit der Kindheit vertraute Natur. Die Verbundenheit mit der eigenen Sprache. All das sind Aspekte von *Storge*. Viele Menschen werden aber beim Stichwort »Liebe« spontan an etwas ganz anderes denken: an das so schwer zu beschreibende, Kopf und Herz und Bauch erfassende und in Besitz nehmende Gefühl, das ein Dichter einmal »Himmelsmacht« genannt hat. Von Geborgenheit kann bei dieser Form der Liebe erst einmal keine Rede sein. Im Gegenteil. Wer sich verliebt hat, dessen Sehnsucht wird so stark, dass es ihn aus dem Haus und auf die Straße treibt, nur hin zum Zentrum der Sehnsucht, so schnell wie möglich und voller Aufregung. Man weiß, dass man in den Armen des anderen das höchste Glück finden wird. Man will mit ihm eins sein, und zwar eins im Herzen *und* mit dem Körper. Diese Liebe hat also auch eine immense körperliche Komponente. Die Griechen nannten sie *Eros*.

Von Shakespeare über die Märchen der Gebrüder Grimm bis zum kitschigsten aller kitschigen Hollywoodfilme – es ist die alte, die immer neue Junge-trifft-Mädchen- oder Mädchen-trifft-Mädchen- oder Junge-trifft-Junge-Geschichte, die es schafft, uns in den Bann zu ziehen, ob sie nun *Romeo und Julia, Brokeback Mountain* oder *Blau ist eine warme Farbe* heißt. Zwei Menschen begegnen sich da, die nach langer Suche endlich angekommen sind, weil sie zueinander passen wie zwei Puzzleteile, die nur gemeinsam ein Bild ergeben. Endlich ist das Alleinsein vorbei! Das innere Feuer lodert, und es sieht nicht so aus, als könne es je wieder verlöschen. *Eros* kann ein geradezu existenzielles, religiöses Ausmaß annehmen. Der Liebende meint, in seiner Liebe und im Partner den Sinn des Lebens gefunden zu haben, ja sogar mit etwas Göttlichem in Berührung zu kommen. Der Geliebte wird zum glücklich gefundenen

Schatz, zum Ein und Alles, zum Inbegriff des Lebens selbst.

Umso tiefer der Fall, wenn die Liebe zerbricht. Wenn der Geliebte, mit dem man sich vollkommen gefühlt hat, geht, verliert man jeden Halt. Das Leben wird wieder profan, und der Alltag leuchtet nicht mehr. Die Suche nach dem fehlenden Puzzleteil, von dem man doch so fest geglaubt hat, es gefunden zu haben, beginnt einmal mehr von vorn.

Einer kommt und hackt dich in zwei Stücke. Wer wird dich retten? So lautet eine der *Kōan* genannten Zenfragen, mit denen ich mich auf Geheiß des Meisters während meiner Lehrjahre als Mönch beschäftigen musste. »Wenn mich einer in zwei Hälften hackt, gibt es doch gar keine Rettung mehr?!«, dachte ich mir, als ich zum ersten Mal mit diesem *Kōan* konfrontiert wurde. »Und welche Hälfte überhaupt enthielte dann mein zu rettendes Ich?«

Der Meister hat kein Interesse an Haarspalterei und Spitzfindigkeiten. Um ein *Kōan* zu lösen, muss man eins mit der Frage werden. Was im vorliegenden Fall bedeutet, dass man sich in einen Zustand versetzen muss, in dem es sich *tatsächlich* so anfühlt, als wäre man in Stücke gehauen worden. Das ist gar nicht so schwer, wie es klingt. Wem schon einmal das Herz gebrochen wurde, der kennt diesen Zustand ganz genau.

Was charakterisiert den Menschen? Er weiß nicht, woher er kommt und wohin er geht, und auch nicht, warum er auf der Welt ist. Er weiß nur, dass er hier und allein ist. Natürlich begegnet er anderen Menschen. Er hat auch in der Schule gelernt, dass alle Menschen frei und gleich sind, dazu nach Möglichkeit noch wie Brüder. Aber die anderen Menschen sind nun mal nicht *ich*! Selbst eineiige Zwillinge kommen um diese Erkenntnis, die ein Schock sein kann, nicht herum: »Alle verwechseln uns. Sogar unseren Eltern passiert das ab und an. Aber trotzdem bin ich nicht du!«

Ich glaube, dass darin ein Grund verborgen liegt, warum *Eros* so viel mehr Macht entfalten kann als *Storge*. *Storge* knüpft das Band zur Familie, zur Heimat oder zur Sprache. Über *Philia*, die Liebe, die uns mit gleichgesinnten Freunden verbindet, werde ich noch sprechen. Aber die Tatsache, dass man am Ende doch allein mit sich in der Welt ist, können diese Formen der Liebe nicht verdecken. Bei *Eros* ist das anders. *Eros* schafft es, die Einsamkeit vergessen zu machen, zumindest für eine gewisse Zeit. Wenngleich jeder Verliebte überzeugt ist, dass gerade seine Liebe kein Ende haben wird. »Bis dass der Tod uns scheidet? Nein, unsere Liebe soll ewig sein!«

Noch im Tod wollen die Liebenden vereint sein. »Wir sind eins!«, dieses Gefühl heilt die Wunde der Trennung des Menschen von der Welt. Aber bloß, solange es anhält. Denn auf Dauer kann es nur schiefgehen. Zwei Liebende, die sich und nur sich allein in ihrer Einzigartigkeit bestätigt wissen wollen, vergessen, dass jeder Mensch einzigartig ist. Doch genau gegen diesen Punkt wehrt sich die erotische Liebe: Wir beide, du und ich, sind anders als all die anderen! Es ist, als würden der 13. April und der 5. Dezember über den Abgrund der Monate einander zurufen: »Du bist der einzige Tag für mich, denn du bist so ganz anders als die übrigen 363 Tage des Jahres!«

Das stimmt ja auch. Natürlich ist jeder Tag des Jahres einzigartig. Jedoch nicht, weil sich jeder Tag vom anderen ein wenig unterscheidet. Das wirklich Besondere an *diesem* Tag besteht in seiner Gegenwart. Er ist der einzige Tag, an dem ich leben kann. Denn er ist heute und nichts als heute. Alle anderen Tage sind vergangen oder liegen in der Zukunft und werden erst noch »heute« sein. Die Gegenwart findet aber immer genau jetzt statt.

Bezogen auf den Menschen als Individuum heißt das: Wer seine eigene Gegenwart versäumt und nicht im Hier und Jetzt lebt, wer nicht eins ist mit sich selbst, der kann nicht lieben. Bang wird er stets auf die Liebeserklärung des anderen warten. »Ich liebe dich, liebst du mich auch?« – Diese Frage enthält schon die Angst vor der Ablehnung. Selbst wenn sich zwei Menschen wechselseitig ihre Liebe beteuern, bleibt die Unsicherheit. Nie kann man sicher sein, so geliebt zu werden, wie man selbst liebt. Von dieser Angst gilt es sich zu befreien. Es kommt nicht darauf an, wer stärker, intensiver oder leidenschaftlicher liebt. Das Ideal wäre ein Verschenken der Liebe, ohne danach zu fragen, was man selbst dafür zurückbekommt. Doch das schafft nur, wer wirklich eins ist mit sich. Nur bei ihm findet der Satz »Ich liebe dich von ganzem Herzen!« zur wahren Bedeutung.

Wäre die Liebe nur Biologie, würde sie mit der erfolgreichen, auf Fortpflanzung abzielenden körperlichen Vereinigung ihre von der Natur vorgesehene Vollendung finden. Aber Biologie ist eben nicht alles. Um sich die Macht der Liebe zu erklären, haben Menschen seit jeher Zuflucht im Mythos gesucht. Einer der wirkmächtigsten ist sicher der von Platon überlieferte Mythos vom Kugelmenschen. Seltsamerweise nennen wir im Alltag Liebesbeziehungen ohne sexuelle Komponente »platonische Liebe«. Dabei war es doch gerade Platon, der sich so gründlich wie kaum jemand sonst mit dem Wesen erotischer Liebe auseinandergesetzt hat.

In seinem Werk *Symposion,* was im Deutschen zumeist mit »Gastmahl« wiedergegeben wird, versammeln sich mehrere Dichter und Philosophen im Haus des Agathon. Sie wollen dessen Sieg beim Wettstreit der Tragödienschreiber feiern. Die Begebenheit selbst ist historisch belegt, Platons Dialog jedoch rein fiktiv. Schnell kommt das Gespräch auf die erotische Liebe. Einer der Philosophen nennt Eros jenen Gott, der über die höchste Tugend verfügt. Ein Arzt will sich nicht festlegen: Ist die erotische Liebe dem Menschen nun zu- oder abträglich? Beides hält er für möglich. Nicht der schlechteste Gedanke im Übrigen, denn Liebe ist immer das, was der Einzelne aus ihr macht.

Nach dem eitlen Agathon, der die hohe Kunst des Selbstlobs pflegt, erzählt Sokrates, was er einst von einer weisen Frau namens Diotima über die Liebe gelernt hat. So habe sich eines Abends Penia, die Göttin der Armut, zu Poros, dem Gott des Überflusses, gelegt. Im Rausch wurde ein Kind gezeugt – kein Geringerer als Eros, seines Zeichens Gott der Liebe. Sokrates stellt damit klar, dass zur erotischen Liebe das Gefühl des Mangels ebenso gehört wie die Sehnsucht nach einer Aufhebung noch der größten Gegensätze.

Aber darüber hinaus existiert noch eine weitere, eine abstraktere Ebene. Nicht allein die Schönheit oder Tugendhaftigkeit eines Menschen sei liebenswert, so gibt Sokrates Diotimas Worte wieder, auch die Tugend des Geistes oder die Liebe selbst verdienten es, geliebt zu werden. Der Vortrag erhält so eine wahrhaft platonische Wendung. Zu lieben, das bedeute, am Guten, Wahren und Schönen teilhaben und es mehren zu wollen. Sokrates verbindet den Wunsch nach körperlicher Vereinigung mit der Suche nach philosophischer Wahrheit und erklärt *Eros* zur Triebfeder allen künstlerischen und philosophischen Schaffens.

Auch wer sich mit der Philosophie Platons nicht näher befasst hat, wird vielleicht schon mal vom Mythos der Kugelmenschen gehört haben. Er wird ebenfalls im *Symposion* vorgestellt. Platon legt ihn dem Dichter Aristophanes in den Mund. Aristophanes holt weit aus. Er nennt die Menschen Nachkommen der Sonne, der Erde und des Mondes. In Urzeiten hätten sie die Gestalt von Kugeln gehabt, samt zweier Gesichter, vier Armen und vier Beinen. Damit nicht genug. Die Kugelmenschen waren auch mit zwei Geschlechtsteilen ausgestattet, eines fand sich an der Vorder-, das andere an der Rückseite der Kugel.

Die Kugelform verlieh den Menschen große Kräfte. Ungebremst konnten sie in alle Richtungen davonrollen, was sie auf eine größenwahnsinnige Idee brachte: Warum sich nicht gleich einen Weg zum Himmel bahnen, um den Göttern den Rang abzulaufen? Zeus und den Seinen gefiel dieses Vorhaben naturgemäß eher weniger. Andererseits waren sie auf die Menschen angewiesen. Wovon sollten sie leben, würden die ihnen nicht mehr regelmäßig im Tempel Opfergaben darbringen? Zeus kam die rettende Idee. Er würde die Kugelmenschen kurzerhand in zwei Hälften teilen. Dadurch wären sie fortan gezwungen, sich mehr schlecht als recht auf zwei Beinen fortzubewegen. Aus wäre es mit ihrer überschießenden Energie. Angenehmer Nebeneffekt: Mit der doppelten Anzahl an Menschen würden auch die Tempelgaben ein ganz neues Level erreichen. Fürwahr eine göttliche Win-win-Situation!

Es kam zum radikalen Schnitt. Nach der Teilung der Kugelmenschen wurde ihnen die Haut vom Rücken über die Schnittfläche gezogen, am Nabel zusammengefügt und anschließend das Gesicht von der Außenseite nach innen gedreht. Doch nicht wie erhofft bloß ihren Übermut verloren die derart geteilten Menschen. Sie büßten auch all ihren Lebensmut ein. Eine Hälfte umklammerte die andere in der vergeblichen Hoffnung, doch noch einmal zu einem Ganzen zusammenzuwachsen. Aus Verzweiflung hörten die Menschen schließlich auf zu essen, und es dauerte nicht lange, bis die ersten verhungerten.

So hatte es Zeus nicht geplant. Statt sich an üppig sprudelnden Opfergaben erfreuen zu können, musste er nun ihr völliges Ausbleiben befürchten. Es half nichts, er kam ums Nachbessern nicht herum. Also verlegte er auch die Geschlechtsteile der Menschen auf die Innenseite ihrer Körper. Das würde die zumindest temporäre Wiederherstellung einstiger Vollständigkeit ermöglichen.

Dadurch kam die Liebe in die Welt. Als Finden des so lange Vermissten: »Wenn nun dabei einmal der liebende Teil [...] auf eine wirkliche andere Hälfte trifft, dann werden sie von wunderbarer Freundschaft, Vertraulichkeit und Liebe ergriffen und wollen, um es kurz zu sagen, auch keinen Augenblick voneinander lassen.« Aristophanes schließt seine Erzählung mit einer Gewissheit. Gäbe es für die in der Liebe wiedervereinigten Menschen die Möglichkeit, sich für immer mit ihrer anderen, vielleicht sogar ja besseren Hälfte zusammenzutun, und sei es bis hin zum gemeinsamen Tod – sie würden die Chance, ohne zu zögern, ergreifen: »Der Grund hiervon nämlich liegt darin, dass dies unsere ursprüngliche Naturbeschaffenheit ist und dass wir einst ungeteilte Ganze waren. Und so führt die Begierde und das Streben nach dem Ganzen den Namen Liebe.«

Platons Mythos deutet noch heute auf die Gegenwart. Während für die meisten Menschen die erotisch-romantische Liebe ein schöner oder auch der schönste Aspekt des Lebens ist, ohne jedoch der Sinn des Lebens selbst zu sein, erreichen bei einigen die Sehnsucht nach und der Umgang mit der Person, die alles Beschädigte wieder heilen soll, religiöse Dimensionen. Der Liebende sucht in der Beziehung zum Geliebten nach Gott und verzweifelt dann, wenn er nur einen Mensch aus Fleisch und Blut vorfindet.

Als Abiturient hielt ich auf Anregung meiner Religionslehrerin ein Referat über *Entweder – Oder*, ein Werk des dänischen Philosophen Søren Kierkegaard von 1843. Je mehr ich über Kierkegaard las, desto stärker fühlte ich damals eine gewisse Seelenverwandtschaft. Kierkegaard gilt zwar als Wegbereiter des Existenzialismus, gleichzeitig war er aber auch ein Christ auf der Suche nach Gott. Zeit seines Lebens versuchte er, den »Sprung« in den Glauben zu schaffen, doch dazu fehlte ihm unglückseligerweise – der Glauben.

Mit Mitte zwanzig verliebte er sich unsterblich in die erst fünfzehnjährige Regine Olsen. Als sie achtzehn war, machte er ihr einen Antrag. Doch nach nur einem Jahr löste er selbst die Verlobung wieder. Er schickte Regine seinen Ring zurück und erklärte sich ihr in einem Brief. Es sei ihm unmöglich, eine Frau glücklich zu machen. Dennoch schwor er, keine andere Frau als Regine je zu lieben. Es kam, wie es kommen musste. Regine heiratete einen anderen, und Kierkegaard war am Boden zerstört. Er hatte geglaubt, dass auch Regine ihm nach der Trennung für immer treu bleiben würde.

Als Christ hielt Kierkegaard die körperliche Liebe für eine Sünde. Er scheint der Überzeugung gewesen zu sein, im rein seelischen Einklang mit der Geliebten Gott finden zu können. In *Entweder – Oder*, verfasst zwei Jahre nach der Trennung, heißt es: »Von hundert Männern, die sich in der Welt verirren, werden neunundneunzig durch Frauen gerettet, einer wird gerettet durch unmittelbare göttliche Gnade.« Nur Regine mochte da lieber nicht mitmachen.

Indem er Regine zu einer unantastbaren Göttin verklärte, brachte sich Kierkegaard selbst um die Möglichkeit, ihr auf Augenhöhe und von Mensch zu Mensch zu begegnen. Er wollte Regine nicht lieben, wie ein Mann eine Frau liebt, er wollte mit ihr und durch sie hindurch Gott lieben. Doch dadurch verleugnete er sie als die Person, die sie nun einmal war. Im Alter von zweiundvierzig Jahren brach Kierkegaard auf der Straße zusammen, sechs Wochen später verstarb er im Krankenhaus. Seinen Nachlass vermachte er der »ewig geliebten Regine«.

Man geht wohl nicht zu weit, wenn man sagt, dass Kierkegaard zu jenen Menschen gehörte, die durch die Liebe krank werden und letztlich an ihr zerbrechen. So betrachtet erscheint das Ideal ewiger Treue wie der Ausdruck eines Zwangs, dessen Folgen verheerend sein können. Selbst wer aufhört, den Geliebten zu überhöhen, will von der Illusion unbedingter Liebe um keinen Preis der Welt lassen. Denn das Ende der Liebe wäre der Verlust der eigenen Religion, und zurück bliebe nur sinnlose Leere.

Bei den meisten Menschen wird das Bedürfnis nach Sicherheit durch den Wunsch nach Unabhängigkeit ausbalanciert. Wenn es zu eng und zu stickig wird in der mühsam gezimmerten »Beziehungskiste«, sehnen sich viele nach frischer Luft und sind einem Abenteuer nicht abgeneigt. Entweder kommt es dann über kurz oder lang zur Trennung, und alles wird wieder auf null gesetzt. Oder man hält sich eine Hintertür offen und begnügt sich erst einmal mit einer kleinen Affäre.

Wohl kaum einer kennt die Verlockung eines Seitensprungs nicht. Manche propagieren es geradezu, der Versuchung nachzugeben. Sie sind davon überzeugt, dass ein Verstoß gegen die geschworene Treue der müde gewordenen Beziehung zu neuer Lebendigkeit verhelfen kann. Das wird aber nur gutgehen, wenn der andere ebenfalls bereit ist, sich vom Glauben an die Liebe als der Vereinigung zweier Hälften zu einem Ganzen zu lösen.

»Polyamorie« wird eine Form der Liebe genannt, bei der die Anzahl der liebenden wie der geliebten Menschen nach oben offen ist, doch auf alle Fälle die Zahl zwei übersteigt. Im Gegensatz zur sogenannten »freien Liebe«, mit deren Hilfe die Studentenbewegung der ausgehenden Sechzigerjahre die verklemmte Sexualmoral der Väter- und Großvätergeneration hinwegfegen wollte, geht es bei der Polyamorie nicht allein um Sex. Wer polyamorös liebt, liebt wirklich. Er geht eine von Liebe geprägte Verbindung mit mehreren Partnern ein. Und alle Beteiligten wissen voneinander und bejahen das gewählte Beziehungsmodell auch. Das kann nur mit vollkommener Ehrlichkeit sich selbst und den anderen gegenüber funktionieren, denn an die Stelle von als Ausschließlichkeit verstandener Treue treten Authentizität und Verbindlichkeit. Untreu ist dann nicht, wer eine Zweit- oder Drittbeziehung eingeht, sondern wer nicht all seinen Partnern gegenüber mit offenen Karten spielt.

Man muss gar nicht berühmte polyamorös lebende Kronzeugen aus der Vergangenheit wie Simone de Beauvoir oder Bertolt Brecht bemühen. Wahrscheinlich weiß man auch aus der eigenen Erfahrung, dass man mehrere Menschen gleichzeitig lieben kann. Aber schafft man es dann auch, seinem Partner dasselbe Recht zuzugestehen? Jemanden zu lieben bedeutet doch oft, ihn ganz für sich allein haben zu wollen.

Ein Polyamorie-Verfechter würde vielleicht zurückfragen: Warum willst du den Menschen, den du liebst, an dich fesseln? Dann würde er auf das Motto der Bewegung verweisen, das lautet: »Wenn du etwas liebst, lass es frei.« Und schließlich würde er von dem Kunstwort »frubbelig« erzählen, das polyamorös Liebende verwenden, um ihre Freude darüber zum Ausdruck zu bringen, dass der geliebte Mensch einen Dritten liebt. Was nicht heißen soll, dass alles stets Friede, Freude, Eierkuchen ist. Auch der polyamoröse Mensch hat dann und wann mit Eifersucht zu kämpfen. Tatsächlich erfordert diese Art der Beziehung einen weitaus höheren Aufwand an Gefühlsarbeit als die traditionelle Variante, mag sie auf den ersten Blick auch locker und unverklemmt daherkommen. Ganz so einfach ist die Sache mit dem »Frubbeln« dann eben doch nicht.

Auch Menschen, die nicht polyamorös-progressiv lieben und damit ihre Sehnsucht nach anderen Partnern ganz offen ausleben, sehen sich hin und wieder nach Alternativen zum Beziehungsalltag um. In der Regel tun sie das heimlich. Nicht einmal zuallererst aus Angst vor unangenehmen Konsequenzen, sondern weil die wenigsten von ihnen so großzügig sind, dem Partner das Recht einzuräumen, selbst auf die Pirsch zu gehen. Auch wenn man selbst nichts daran findet, eine Affäre einzugehen und sein Herz zu teilen – der Partner daheim soll die Fahne unverbrüchlicher Treue hochhalten. Für ihn will man dann schon lieber der Einzige sein.

So zeigen sich oft gerade die am eifersüchtigsten, die

es selbst mit der Treue nicht so genau nehmen. Schließlich wissen sie am allerbesten, wie groß die Versuchung werden und wie schwierig es sein kann, ihr zu widerstehen. Wer sich selbst von anderen Menschen angezogen fühlt, fürchtet umso mehr, vom Partner nicht über alles geliebt zu werden.

Dennoch handelt es sich bei der traditionellen Zweierbeziehung um ein Erfolgsmodell. Sie läuft und läuft und läuft, allen Gefährdungen und Problemen zum Trotz. Denn sie verspricht uns immer wieder aufs Neue, das Alleinsein in der Welt zumindest für eine gewisse Zeit zu kompensieren, indem wir uns der Illusion hingeben, von einem anderen Menschen in unserer Einzigartigkeit verstanden und akzeptiert zu werden. Wir hoffen, zu zweit eins zu sein. Und *Eros* ist die Droge, die uns in diesen rauschartigen Zustand zu versetzen vermag.

Eros macht es uns nicht so leicht wie *Storge*. Die Eltern, die Heimat, die Sprache, sie fallen uns einfach zu, wir brauchen uns nicht eigens um sie zu bemühen. Liebespartner hingegen muss man sich suchen. Besonders Menschen, die früh einen Mangel an *Storge* erfahren haben (und wer hat das nicht?), werden später alles daransetzen, die »wahre« Liebe zu finden. Doch je ernster jemand den Mythos von der einen großen Lebensliebe nimmt, desto geringer dürfte seine Aussicht sein, sie auch wirklich zu finden. Gewiss, es mag wahre Liebe geben. Aber *die* wahre Liebe gibt es nicht.

Das Erwachen aus dem Mythos gehört zum Erwachsenwerden dazu. Irgendwann sollte man gelernt haben, dass es viele Menschen gibt, mit denen man eine tragfähige Verbindung eingehen kann. Dann heißt es, sich für einen Partner zu entscheiden. Viel hängt dabei vom richtigen Zeitpunkt ab. Nicht zu früh sollte die Wahl getroffen werden, sonst ist der Jammer bei jeder neuen Begegnung groß: »Ach, hätte ich mich doch nicht in Ketten begeben! Dann wäre ich jetzt noch frei für die *wirklich* große Liebe!« Man sollte aber auch nicht zu lange warten. Wer davon ausgeht, dass der wahre Prinz bestimmt noch heranreiten wird, und sei's auch erst in ein paar Jahren; dass die wahre Prinzessin einem ganz sicher noch ihre Gunst erweist, der wartet wahrscheinlich ewig. Und wenn er nicht gestorben ist, hält er, geteilter Kugelmensch, der er ist, noch immer Ausschau nach seiner einst verlorenen anderen Hälfte.

In der Spieltheorie ist dieses Dilemma als »Heirats-« oder »Sekretärinnen-Problem« bekannt. Dabei wird von einer endlichen Zahl an Bewerbern ausgegangen, die der Reihe nach auf ihre Tauglichkeit zu prüfen sind. Annehmen oder ablehnen? Daumen hoch oder Daumen runter? Legt man sich zu früh fest, entgeht einem möglicherweise ein weitaus passenderer Kandidat. Zögert man über Gebühr, muss man nehmen, was am Ende übrig bleibt. Der Mathematiker Geoffrey Miller hat die vermeintlich beste Strategie ausgeknobelt. Nach Miller ist es am sinnvollsten, erst einmal 37 Prozent der Bewerber vorsprechen zu lassen und sich dann für den nächsten Kandidaten zu entscheiden, der einem besser als all seine Vorgänger erscheint. Ganz ohne Risiko indes kommt auch diese Strategie nicht aus, denn es besteht die Gefahr, dass sich der geeignetste Kandidat bereits unter den ersten 37 Prozent befunden hat und einem so durch die Lappen gegangen ist.

Es wäre recht unromantisch, im wirklichen Leben das Objekt der Liebe so rational zu wählen. Weit häufiger dürfte sich das Gegenteil ereignen. Nicht umsonst gibt es im Englischen die Formulierung *to fall in love*. Manchmal stürzt man in die Liebe wie in eine Fallgrube. Wobei es sich, bei Licht besehen, dann nicht um Liebe handelt, sondern »nur« ums Verliebtsein. Ich glaube, eigentlich ist genau das gemeint, wenn man von *Eros* spricht. »Ich liebe dich!« meint dann in Wahrheit nichts anderes als: »Ich bin in dich verliebt!«

Lässt sich Liebe also auf das Gefühl des Verliebtseins reduzieren? Selbstverständlich nicht. So schön dieser Zustand auch ist – oft lässt er den Entflammten ganz zu Unrecht davon ausgehen, dass seine Gefühle erwidert oder sogar auf Dauer geteilt werden. Dann gibt es ein böses Erwachen. Gerade erst wähnte man sich endlich am Ziel, und jetzt soll schon wieder alles aus sein? Wer dann dem Wahn verfällt, das eigene Verliebtsein mit einer Garantie für beständige Liebe zu verwechseln, wird zum Stalker, und aus Liebe wird Obsession. Dabei gehört es gerade zum Wesen der Liebe, im richtigen Moment loslassen zu können.

Verlieben wir uns, wird alles leicht. Das Gewicht der Welt droht uns nicht mehr zu erdrücken, und wir schaffen es, von uns selbst abzusehen. Uns für den geliebten Menschen vor den Zug zu werfen, erscheint uns plötzlich wie eine Kleinigkeit, während wir es bis gestern nicht einmal schafften, einem Wildfremden unseren Platz im Bus anzubieten. Das Ich, das so lange im Zentrum unseres Lebens stand, tritt nun bereitwillig an den Rand, und der Geliebte nimmt seinen Platz ein. Ich glaube, dass das Wesen der Liebe in diesem Absehen von sich selbst besteht. Der Unterschied zwischen Liebe und Verliebtsein lässt sich damit auf eine ganz einfache Formel bringen: Nur ich weiß, wie es sich anfühlt, wenn ich verliebt bin. Nur der andere weiß, ob ich liebe.

Ob die gefühlte Liebe auch beim anderen ankommt, hat mit der Intensität des eigenen Verliebtseins nicht das Geringste zu tun. Das gilt nicht nur dann, wenn die Liebe unerwidert bleibt, sondern auch bei wechselseitiger Zuneigung. Verliebtsein ist ein Gefühl, Liebe ist Praxis.

Dem Begriff der Praxis kommt im Zen zentrale Bedeutung zu. Oft spricht man auch von Übung, aber bei diesem Wort denken viele wohl eher an Feuerwehrleute, die sich auf ihren Einsatz vorbereiten, oder an Schauspieler, die sich bereit machen für die Premiere. Das ist hier nicht gemeint. In der Liebe gibt es keine Generalprobe. Praxis ist schon der Ernstfall, der wirkliche Auftritt.

Was man fühlt, muss man in die Praxis umsetzen, denn einer Liebe, die sich dem anderen nicht eröffnet, fehlt alle vereinende Kraft. Damit das (erwiderte) Verliebtsein wachsen und zu wahrer Liebe werden kann, muss man lernen, die eigenen Gefühle mitzuteilen. Mit den Augen, mit Worten, mit jeder kleinen Handlung des Lebens. Jeder wünscht sich, dass ihm der Geliebte die Gefühle direkt von der Seele ablesen möge. Aber Liebe hat nichts mit Telepathie zu tun, und sie ist auch kein

Geschenk des Himmels. Sie verwirklicht sich nur im täglichen Leben. Sie ist auch keine einseitige Angelegenheit. Es kommt nicht nur darauf an, die eigenen Gefühle zum Ausdruck zu bringen. Man muss auch lernen, die Sprache der Liebe des anderen zu verstehen, die sich oft so sehr von der eigenen unterscheidet.

Manche Menschen verzweifeln regelrecht. »Warum schaffe ich es nicht, die wahre Liebe zu finden?«, fragen sie. Vermutlich weil sie viel zu verbissen danach suchen. Man darf die Liebe nicht fordern. Man muss sie schenken. Der alte Satz aus der Bibel stimmt auch bei allem, was die Liebe betrifft: Geben ist seliger denn Nehmen. Nicht darum, was der andere für mich tun kann, soll es mir gehen. Wer wirklich liebt, fragt sich stattdessen, was er für den anderen tun kann. Auch wenn einem die Liebe in den Schoß gefallen ist, lösen sich nicht alle Probleme in Wohlgefallen auf. Denn dann beginnt die Praxis der Liebe erst, ihr Ausdruck im Alltag. Die Gefühle, die dann entstehen und das Band zum anderen so stark machen können, entspringen dieser Praxis. Liebe erfordert Hingabe. Wird sie für selbstverständlich genommen, stirbt sie.

Die Zeit mit Thuya

Der Brief der weißen Ziege,
Oje, schwarze Ziege, du hast ihn verschluckt!
Und hast der weißen Ziege geschrieben:
»Was stand in deinem Brief?«
Der Brief der schwarzen Ziege,
Oje, weiße Ziege, du hast ihn verschluckt!
Und hast der schwarzen Ziege geschrieben:
»Was stand in deinem Brief?«

Mado Michio

Noch einmal ganz von vorn

Jeder kennt den Anfang der Welt, so wie ihn die Bibel im
ersten Buch Mose erzählt. Gottes Wochenplan ist ehrgei-
zig. Tag für Tag muss dort etwas erschaffen werden, wo
bislang nur Dunkelheit und Leere und die Abwesenheit

jeglichen Lebens gewesen ist: Licht, Pflanzen, Sonne, Mond und Sterne; Fische und Vögel und all die übrigen Tiere. Am sechsten Tag ist der Mensch dran. »Zum Bilde Gottes schuf er *ihn*; und schuf *sie* als Mann und Frau«, heißt es in der Lutherbibel von 2017, die in diesem Satz, so wie es praktisch alle verfügbaren deutschen Übersetzungen tun, umstandslos vom Singular in den Plural wechselt. Was zu durchaus anregenden Gedanken über die Identität Gottes verführen könnte.

Rätselhafterweise erzählt das direkt darauffolgende Kapitel dieselbe Geschichte ganz anders. Nun geht die Erschaffung Adams allem anderen voraus. Damit der erste Mensch zu essen hat, entsteht der Garten Eden mit seinen Bäumen voller Obst, »verlockend anzusehen und gut zu essen«; und damit er nicht alleine ist, werden ihm die Tiere an die Seite gestellt. Einsam fühlt er sich gleichwohl. Das ändert sich erst, als die aus seiner Rippe erschaffene Eva die Bühne betritt: »Die ist nun Bein von meinem Bein und Fleisch von meinem Fleisch. [...] Darum wird ein Mann seinen Vater und seine Mutter verlassen und seiner Frau anhangen, und sie werden sein *ein* Fleisch.«

Interessant ist es, sich den Unterschied dieser Schöpfungsgeschichte zu Platons Mythos von den anfangs vollkommenen und erst später von Zeus geteilten Kugelmenschen vor Augen zu führen. Adam ist von Beginn an ein Mängelwesen. Erst in Eva findet er, was ihm kein Vater und keine Mutter hätte geben können. Der Mann hängt an seiner Frau, als würde er ohne sie die Verbindung zur Welt verlieren.

Wir wissen natürlich, dass es für Adam und Eva kein Happy End gab und sie ihr Dasein fortan und in alle Ewigkeit jenseits von Eden fristeten, voll gottgleichen Wissens zwar, aber eben auch voller Scham über die eigene Nacktheit. Das war der Preis, den sie bezahlen mussten für den Verzehr der verbotenen Früchte vom Baum der Erkenntnis.

Trotzdem (oder gerade deshalb) vermag mich diese zweite Variante der Schöpfungsgeschichte weitaus mehr zu berühren als die im ersten Kapitel der Genesis berichtete. Denn mir erscheint sie als die uranfängliche, die Mutter aller Coming-of-Age-Storys. Der einsame Adam, der sich mutterseelenallein in eine unwirtliche Gegend hineinversetzt sieht. Sein so hoffnungsvolles Verlieben in Eva. Die Unschuld, die nur kurz währt, ehe beide aus ihrer heilen Welt verstoßen werden. Und zum ersten Mal stellen sich die Fragen, auf die es nie eine befriedigende Antwort geben wird: »Wer bin ich?« Und: »Wer will ich sein?«

Wir alle leben in drei Welten. Mit der ersten befasst sich die moderne Naturwissenschaft. Man könnte sie als die Welt der objektiven Wahrheit bezeichnen. Sie kann beschrieben, vermessen und erforscht werden, tangiert uns aber im Alltag kaum. Da haben wir es mit einer anderen, einer zweiten Welt zu tun. Einer, die uns vertraut und zuhanden ist. In der wir unsere Brötchen verdienen und unsere Steuern zahlen, die Kinder zur Schule bringen und den Urlaub am Meer genießen. Wenn wir nachts zum Sternenhimmel blicken, staunen wir vielleicht über die Weite des Universums. Aber am nächsten Morgen, beim Aufschlagen der Zeitung, interessieren uns die Jahrmilliarden der Erdgeschichte weitaus weniger als das tagespolitische Geschehen.

Und dann gibt es noch eine dritte Welt. Sie gehört nur mir allein. Ich kann sie mit niemandem teilen. Es ist die Welt, wie ich sie jetzt, in diesem Augenblick, wahrnehme: die schwarzen Buchstaben auf weißem Grund. Das Duften von Kaffee. Das Gefühl der Finger auf der Tastatur. Den Atem. Das Bellen eines Hundes draußen vor der Tür. Selbst im gar nicht so unwahrscheinlichen Fall, dass Sie beim Lesen dieser Zeilen ebenfalls eine Tasse Kaffee auf dem Tisch stehen haben, sich Ihres Atems bewusst werden und vielleicht sogar einen Hund bellen hören – es ist nicht dasselbe. Sie sehen, hören und spüren etwas anderes als ich. Dabei geht es mir nicht um den Unterschied dessen, was wir sehen oder wie wir es sehen. Selbst wenn wir exakt dieselbe Sache aus einem ganz ähnlichen Blickwinkel wahrnehmen würden: Was ich sehe, sehen Sie nicht. Was Sie sehen, sehe ich nicht.

Diese Welt, in der gerade mein Kaffee dampft und ich Wörter auf dem Bildschirm erscheinen lasse, ist meine und nur meine. Unter den sieben Milliarden Menschen gibt es genau einen, mit dessen Augen ich sehen und mit dessen Ohren ich hören kann. Existierte ich nicht, wäre auch diese Welt auf der Stelle und ganz und gar verschwunden. Denn in ihr geht es immer nur um eins: da zu sein. »Ich« zu sein. Von diesem – meinem – Ich soll im Folgenden die Rede sein, wenn ich über meine persönlichen Erfahrungen mit der Liebe spreche. *Coming of Age,* Tausende Jahre später. Aber die Fragen sind die-selben geblieben wie bei Adam und Eva: »Wer bin ich?« Und: »Wer will ich sein?«

Keine Heimat

1974 fand mein Vater in Tübingen eine neue Stelle als Architekt. Wir mussten umziehen. Wir ließen Braun-schweig hinter uns und fuhren nach Württemberg. Für meine Eltern, meine beiden Schwestern und mich begann etwas Neues, über das die Zukunft jedoch schon dunkle Schatten warf. Bei meiner Mutter war Krebs diagnosti-ziert worden, als Ärztin zu arbeiten war ihr unmöglich geworden. Heute frage ich mich, ob meine Eltern schon wussten, dass ihnen nicht mehr viel Zeit zusammen blei-ben würde. Wie gingen sie mit der Drohung des Todes im Alltag um? Damals machte ich mir über so etwas keine Gedanken. Ich war sechs Jahre alt.

Unsere Etagenwohnung lag auf einem Hügel im Nor-den der Stadt. Eine von vielen ähnlichen Wohnungen dort in den Blocks der Neuen Heimat. Sie wurden von einer langen Ringstraße umschlossen und bildeten so eine kompakte Einheit. Wir wohnten im Eichenweg, doch die Häuser dort unterschieden sich in Form und Farbe kaum von denen im Erlen- und Eschenweg. Jeder Block verfügte über mehrere Eingänge, und um die höheren Etagen zu erreichen, musste man den Aufzug nehmen. Der Kontrast zum Pastorenhaus mitten in der Braun-schweiger Altstadt, in dem ich aufgewachsen war, konnte nicht größer sein. Alles kam mir ungeheuer futuristisch vor. Enttäuscht war ich höchstens darüber, dass wir keinen Aufzug brauchten, um unsere Wohnung im ersten Stock zu erreichen. Über die Treppe ging es einfach schneller.

Der Weg zur ebenfalls neu gebauten Grundschule führte vorbei am braunen Quader der evangelischen Kirchengemeinde und am Einkaufszentrum. Selbst ein Erstklässler schaffte das in zehn Minuten. Wenn ich mittags wieder nach Hause lief, dachte ich an das, was mir meine Mutter immer wieder eingeschärft hatte: Ich musste auf die große, grüne »3« achten, wenn ich den richtigen Eingang zu unserem Wohnblock finden wollte. Und dann auf den roten Punkt links neben unserem Namensschild. Meine Mutter hatte ihn dorthin gemalt, damit ich auf dem Brett mit den vielen Klingeln die richtige finden konnte.

Erste Klasse, erste Feinde. Als ich eines Nachmittags weinte, weil die Jungen in der Klasse mich wieder einmal nicht in Ruhe gelassen, meinen Ranzen ausgeleert und mich in den Schwitzkasten genommen hatten, sagte meine Mutter nur: »Du musst lernen, dich zu wehren!« Aber Widerstand brachte mir nur noch mehr Prügel ein.

Ich erinnere mich an ein Buch mit dem Titel *Fünf Finger sind eine Faust*. Meine Eltern schenkten es mir, nachdem ich sie verzweifelt darum gebeten hatte, mir in meiner Not zu helfen. Die Handlung des Buchs ist einfach. Ein blauer, schwächlicher Finger wird Tag für Tag von einer gemeinen Fünferbande grüner Finger gequält. Er ist nicht der Einzige – vier anderen blauen Fingern geht es so wie ihm. Es dauert eine Weile, bis sie erkennen, dass jeder für sich allein keine Chance gegen die grüne Übermacht hat. Also tun sie sich zusammen, und aus den fünf blauen Fingern wird – Achtung, Zeitgeist! – eine *rote* Faust, die die Peiniger in die Flucht schlägt.

Eine Handreichung für die »kleinen Revolutionäre von morgen«. Sie atmete den Geist antiautoritärer Erziehung, von Kinderläden und sozialistischen Kollektiven. Doch diese Art von Agitation verfing bei mir nicht. Schließlich hatte ich noch keine Freunde, mit denen ich mich hätte verbünden können. Ich war schon froh, wenn ich halbwegs ungeschoren durch den Schulalltag kam.

»Ist deine Mutter krank?«, wurde man damals gefragt, wenn man vergessen hatte, seinen Hosenstall zu schließen. Verneinte man, fing man sich die Pointe als Zusatzfrage ein: »Warum hast du dann die Apotheke offen?« Mich fragte das bald keiner mehr. Selbst dem größten Rowdy war das Lachen im Hals stecken geblieben, als ich einmal geantwortet hatte: »Nein, meine Mutter ist während der Sommerferien gestorben.« Die dunklen Schatten hatten die Gegenwart erreicht.

Zweite Klasse, erste Freunde. Hartmut wohnte im Eschenweg, ein Außenseiter wie ich. Wir fuhren mit unseren Rollschuhen auf der Wendeplatte im Kreis oder bauten zu Hause Plastikmodelle. Ein Jahr später kam Marius dazu, der Neue in der Klasse. Bald waren wir unzertrennlich. Egal, ob es mit dem Fahrrad in den Schönbuch oder im Winter zum Rodeln auf die Schachbaumwiese ging, nie durfte einer von uns dreien fehlen. Drei Finger, die zwar keine Faust bildeten, aber doch zum gemeinsamen

Schwur taugten. Manchmal leistete uns auch Ulla Gesellschaft. Sie wohnte mit ihren Eltern ebenfalls in einem der Blocks auf dem Hügel. Wie heftig meine Eifersucht werden konnte, wenn sich die anderen einmal nur zu dritt verabredeten, ohne mich einzuladen!

Unsere Freundschaft überdauerte die Grundschulzeit. Wir wechselten gemeinsam über auf die Gesamtschule, eine der wenigen zu dieser Zeit im konservativen Südwesten. Vor allem junge Lehrer, frisch von der Universität und ganz am Anfang ihres langen Marsches durch die Institutionen, unterrichteten dort. Für sie waren die Träume der Sechzigerjahre noch lange nicht ausgeträumt. Im Musikunterricht spielte uns der Lehrer den Soundtrack vor zu den Erzählungen von einer anderen, vielleicht besseren, auf jeden Fall aber aufregenderen Welt: Bob Dylan, Jimi Hendrix, Frank Zappa, Janis Joplin. Sie alle hörte ich als Fünftklässler zum ersten Mal.

Aber am meisten liebte unser Lehrer die Beatles. Er schaffte es, mich mit seiner Begeisterung anzustecken. Oft grübelte ich darüber nach, warum die Band wohl auseinandergegangen war, während ihre ärgsten Rivalen, die weitaus weniger originellen Rolling Stones, noch immer zusammen Musik machten. Ich liebte alle vier Beatles, aber John Lennon noch ein wenig mehr als George, Paul und Ringo. Eines der ersten Referate, die ich an der Schule hielt, beschäftigte sich mit ihm.

Ich stand vor der Klasse und erzählte von Lennons Leben. Vom Vater Alfred, der sich früh aus dem Staub machte, als Matrose zur See fuhr und sich erst wieder blicken ließ, als John längst reich und berühmt war. Von der Mutter Julia, die ein Kind von einem anderen Mann bekam und John deshalb bei ihrer Schwester aufwachsen ließ. John liebte seine Mutter dennoch abgöttisch. Als sie bei einem Verkehrsunfall starb, war er erst siebzehn Jahre alt.

1970, da gab es die Beatles schon nicht mehr, veröffentlichte Lennon sein erstes richtiges Soloalbum. Auf dem Cover sieht man ihn und Yoko Ono unter einem riesigen Baum im Gras liegen. Ein Moment des Friedens, der wie ein Ausruhen wirkt nach einer für den Sänger wie für den Hörer erschöpfenden Erfahrung. Denn *John Lennon/Plastic Ono Band*, wie die Platte heißt, holt das ans Licht, was wir alle am liebsten vor anderen und auch uns selbst verbergen: unseren Schmerz, unsere Wunden, unser Alleinsein, unsere Angst. Das Album hält mit nichts hinterm Berg. Ein Bass, eine Gitarre, ein von Ringo Starr gespieltes Schlagzug, gelegentlich ein Klavier, mehr braucht es nicht, um maximale Intimität und Intensität zu erzielen. Lennon entblößt sich in diesen Songs, wie es kaum ein anderer Star seines Kalibers je getan hat. Entstanden sind sie nach einigen Therapiesitzungen bei dem amerikanischen Psychologen Arthur Janov. Janovs Prinzip, wonach traumatische Erfahrungen, insbesondere solche aus der Kindheit, in all ihrer zerstörerischen Kraft noch einmal zum Leben erweckt werden müssen, um endlich bewältigt werden zu können, hat die Platte unüberhörbar geprägt.

Lennons Lieder berührten mich. Ich fühlte, nein, ich *wusste*, wovon Songs wie *Mother* oder *My Mummy's Dead* handelten. Ich konnte nicken bei *Isolation*. Und ich teilte die Sehnsucht danach, wirkliche Liebe zu erfahren, ohne dass ich vermocht hätte, sie so zu artikulieren wie John Lennon im Song *Love*.

Als Lennon im Dezember 1980 erschossen wurde, ging das auch an Hartmut, Marius, Ulla und mir nicht spurlos vorbei. Im Radio lief *Woman* in Dauerschleife. Der Song aus Lennons letztem Album war erst wenige Wochen alt. Nach seinem Tod hatte ihn die Plattenfirma als Single ausgekoppelt. Noch einmal ein Lied, das von hingebungsvoller Liebe handelte, und ich fragte mich, ob ich selbst einmal so eine Liebe erfahren würde.

Nach der Orientierungsstufe wurden die Klassen aufgeteilt. Unsere Wege trennten sich. Mich interessierten Mathematik und Naturwissenschaften; Hartmut und Marius entschieden sich für Französisch, Ulla schloss sich ihnen an. Sie hatte sich längst zum Schwarm des ganzen Jahrgangs entwickelt. Auch wir waren in unseren Gedanken und mit unseren Blicken ständig bei ihr, während wir eifrig darum bemüht waren, so zu tun, als interessierte uns noch immer nichts auf der Welt mehr als Brettspiele und Modellbau.

Ich erzähle dir alles, und (fast) alles ist wahr

1981. Zu meinem 13. Geburtstag bekam ich meinen ersten eigenen Radiorekorder. Genau rechtzeitig. Die »Neue Deutsche Welle« überflutete die Radiosender und spülte allen Schlagermief, allen gut gemeinten Betroffenheitsrock einfach weg. Eines der ersten Lieder, das ich auf

Kassette aufnahm, um es wieder und wieder anhören zu können, stammte von der Schweizer Band Grauzone. Der Sänger Stephan Eicher brachte meine Pubertät, diesen Zustand zwischen Verwirrung und Einsamkeit, mit wenigen Worten auf den Punkt: »Ich möchte ein Eisbär sein, im kalten Polar / Dann müsste ich nicht mehr schrein, alles wär so klar«.

Das Minimalistisch-Zackige vieler Lieder der Neuen Deutschen Welle gefiel mir. Sie waren nicht geschwätzig, sie lavierten auch nicht herum. Sie waren spröde und aggressiv, aber zugleich wurde einem beim Hören immer auch klar, dass sich hinter der Oberfläche eine Menge Traurigkeit verbarg. Die Band Ideal sang vom »Panzerschrank aus Diamant«, der kein Gefühl nach außen dringen ließ – ich kannte ihn nur zu gut. Der Eisbär im kalten Polar war ich. Ich hatte große Schwierigkeiten, mich und mein Leben anzunehmen. Wie sollte ich jemandem nahekommen, wenn ich mir selbst fremd war? Um davon abzulenken, begann ich mich in den folgenden Jahren zum Klassenkasper zu entwickeln. Jeden Lacher, den ich meinen Mitschülern entlocken konnte, verbuchte ich als Erfolgserlebnis. Die meisten unserer Gesamtschullehrer pflegten ihr »alternatives« Image mit Hingabe. Sie legten nicht so viel Wert auf Leistung oder Disziplin, förderten stattdessen Kreativität und das kritische Hinterfragen aller Autoritäten. Wer wie ich mit F. K. Waechters *Anti-Struwwelpeter* aufgewachsen war, ließ sich da nicht zweimal bitten. Die Verlockung war zu groß. Ich musste herausfinden, wie weit ich gehen konnte. Je mehr Freiraum mir die Lehrer gewährten, desto geschmackloser wurden meine Witze. Manchmal mussten sie sogar selbst mitlachen. Aber irgendwann waren sie nur noch genervt von mir. Ihre neue Pädagogik versagte auf ganzer Linie. Die Schulleitung kontaktierte meinen Vater: »Olaf stört den Unterricht. Haben Sie nicht einmal daran gedacht, ihn auf einem Segelschiff eine Weltreise machen zu lassen? Alternativ könnten Sie ihn auch auf ein Internat schicken. Denn wer weiß, vielleicht ist er ja hochbegabt?«

Mein Vater muss aus allen Wolken gefallen sein. Als Clown hatte er mich nämlich nie erlebt. Zu Hause verkroch ich mich für gewöhnlich in meinem Zimmer, hörte Radio oder Kassetten, malte mit Zeichenkohle abstrakte Bilder und ließ mich ansonsten kaum blicken. Der Zufall wollte es, dass genau zu dieser Zeit eine meiner Tanten über einen Artikel in der Zeitung stolperte. Es ging um ein Internat in Braunschweig, das sich die Förderung hochbegabter Schüler zum Ziel gesetzt hatte. »Vielleicht wäre das ja was für Olaf?«, fragte sie. Ich musste ihr recht geben. Ich fühlte mich selbst nicht mehr wohl in der Sackgasse, in die ich voller Elan gerannt war. Aus Tübingen fortzukommen konnte mir daher nur recht sein. Also meldete mich mein Vater kurzfristig für die sogenannte »Kontaktwoche« im Internat an. Sie fand während der Pfingstferien 1984 statt und sollte Klarheit darüber bringen, wer von dem guten Dutzend Probeschülern für das Förderprogramm infrage kam.

Gleich am Morgen des ersten Tages stand Chinesisch auf dem Stundenplan. Vermutlich eine Art Test: Wer fand sich wie schnell in einer ungewohnten Sprache einigermaßen zurecht? Da ich als Letzter ins Klassenzimmer gekommen war, konnte ich mir aussuchen, ob ich neben einem bebrillten Mädchen, das ich spontan in einem Pastorenhaushalt verortete, oder einem asiatisch wirkenden Mädchen, das eine Kette mit Peace-Symbol um den Hals trug, sitzen wollte. Die Wahl fiel leicht. »Hallo, ich bin Thuya«, sagte das Mädchen mit der Kette. Erst jetzt sah ich, wie schön sie war mit ihren grün-braunen Augen und ihren dunklen Haaren. »Dein Name klingt so exotisch. Bist du chinesisch? Dann könntest du mir ja bei den Aufgaben helfen«, schlug ich vor. Sie schüttelte den Kopf. Ihr Großvater sei Kalmücke gewesen. »Kal... – was?« Ein Schlaumeier am Nebentisch, der unseren Dialog mitbekommen hatte, klärte mich gönnerhaft über die Kalmückische Autonome Sozialistische Sowjetrepublik am Kaspischen Meer auf. Westmongolen lebten da, setzte er noch hinzu. Thuya verdrehte die Augen.

Am Nachmittag hatten wir Religionsunterricht. Ein vollbärtiger Pädagoge hatte es offensichtlich darauf abgesehen, uns verkopfte Probeschüler aus der Reserve zu locken: »Ihr denkt, die Bibel sei jugendfrei? Weit gefehlt. Das Alte Testament handelt von Sex and Crime. Lest euch zum Beispiel mal das Hohelied durch, und dann erklärt mir, was das in der Bibel zu suchen hat!«

Theologen interpretieren das Hohelied gern als Lobgesang auf das Band zwischen dem israelischen Volk, das von einem jungen Mädchen symbolisiert wird, und Gott, seinem »Liebhaber«. So wie ein Mädchen, das nur Augen für ihren Liebsten besitzt, hat sich das Volk Israels dem einen, dem einzigen Gott verpflichtet. Im Gegenzug hat Gott seinem Volk Schutz und Geleit versprochen.

So weit die Auslegung. Nimmt man den Text jedoch wörtlich, vermag er durchaus die jugendliche Phantasie zu beflügeln. Der Lehrer im Internat wusste das natürlich. Er zelebrierte sein Vorlesen genüsslich: »Wie schön du bist, meine Freundin, wunderschön bist du, deine Augen glänzen wie das Gefieder der Tauben. [...] Und du, mein Liebster, bist wie ein Apfelbaum unter den Bäumen des Waldes, du übertriffst alle anderen Männer! Im Schatten dieses Baumes möchte ich ausruhn und seine süßen Früchte genießen...«

Ist hier wirklich vom ewigen Pakt mit Gott die Rede? Oder nicht viel eher von zwei jungen Menschen, die gerade sich selbst und den anderen entdecken? Thuya dachte wohl ähnlich. Wortlos schob sie mir einen Zettel zu. Darauf stand, und die Lakonie warf mich um: »Teenager mit Selbstwertproblemen im Spannungsfeld zwischen Dr. Sommer und allgemeinem Weltschmerz?«

Nach dem Abendessen lag ich auf dem Bett in einem der Internatszimmer und starrte die Decke an. Es klopfte. In der Tür stand Thuya: »Hi, Olaf, kann ich reinkommen? Mir ist langweilig!« Rudi, mit dem ich mir das Zimmer teilte, grinste und ließ uns allein. Dann saß Thuya neben mir auf dem Bett, aber viel zu erzählen hatte ich ihr nicht. Zum Glück hatte sie ihre Gitarre dabei. Gespräche über Musik gehen immer. Thuya hielt nicht viel von der Neuen Deutschen Welle. Sie liebte viel eher Pink Floyd und spielte mir ihre ganz eigene Version von »Wish You Were Here« vor.

Mit Musik konnte ich mich nicht revanchieren. Aber ich konnte etwas zeichnen. Mit den Kohlestiften, die mich in Tübingen durch so manchen trüben Nachmittag gebracht hatten, bedeckte ich das Papier. Es sah wild aus.

»Was wird das?«

»Moment noch. Gleich siehst du es.«

Unter einem dunklen Himmel dehnte sich eine ebenso dunkle Geröllhalde aus. Steine, nichts als Steine bis zum Horizont. Nur an einer Stelle hatte ich eine helle, eiförmige Stelle frei gelassen.

»Das bin ich!«

Thuya neigte sich zu mir herüber und lehnte ihren Kopf an meine Schulter. War ich ihr zu langweilig? Sollte ich versuchen, sie mit einem meiner Witze zum Lachen zu bringen? Ich war so unsicher, aber Thuya half mir. Auf einmal war ihr schönes Gesicht ganz nah, und wir überwanden den letzten Abstand zwischen uns mit einem Kuss. Auch wenn ich doch eigentlich noch gar nicht wusste, wie man das genau anstellte.

Die verbleibenden Tage verbrachten wir, sooft es nur ging, zu zweit. Warum hatte sich Thuya ausgerechnet mich ausgesucht? Da waren doch noch so viele andere Jungs, die besser aussahen und schlauere Sprüche machen konnten als ich. Aber nur zu mir sagte Thuya am Ende der Woche: »Ich mag dich, Olaf. Gib mir doch deine Adresse. Wenn ich nach Hause komme, schreib ich dir einen Brief!«

Zurück in Tübingen, wartete ich sehnsüchtig. Aber der Brief kam nicht. Nicht am Donnerstag, nicht am Freitag, nicht am Samstag. War er verloren gegangen? Hatte ihn der Postbote aus Versehen in einen der vielen anderen Briefkästen in unserer Siedlung gesteckt? Warum hatte ich bloß vergessen, Thuya ebenfalls nach ihrer Adresse zu fragen! Ich wusste nur, dass sie in der Nähe des Steinhuder Meers wohnte, wo immer in Norddeutschland das auch war.

Eine Woche verstrich, dann noch eine. Nichts. Auch meinem Vater war nicht entgangen, dass ich viel zu häufig in den Briefkasten schaute. Ich redete mich heraus: »Ach, Papa, ich warte nur auf die *Pöppel-Revue*!« Das war die Spiele-Zeitschrift, die ich abonniert hatte. Mein Vater konnte ja nicht ahnen, wie gleichgültig mir die neuesten Ergebnisse von Spielen wie *Executive Decision* oder *Diplomacy* inzwischen geworden waren. Fast so gleichgültig wie der ganze Rest meines früheren Lebens. Meines Lebens vor Thuya.

Eines Tages kam dann wirklich Post für mich. Allerdings aus Braunschweig. Das Internat hatte entschieden, mich ab Ende August aufzunehmen. Endlich würde ich Thuya wiedersehen! Doch davor lagen noch sechs Wochen Sommerferien. So lange konnte ich nicht mehr warten. Ich beschloss, dass es Zeit wurde für eine Fahrradtour ans Steinhuder Meer. Mein Vater sah ziemlich überrascht aus, als ich ihm davon erzählte. Seit wann war aus dem notorischen Stubenhocker ein Outdoor-Fanatiker geworden? Er war aber wohl der Meinung, dass ein wenig Wind und Sonne seinem bleichen Sohnemann nicht schaden konnten, und so ließ er mich in der zweiten Ferienwoche in Richtung Norden ziehen. Schlafsack, Landkarte und Jugendherbergsausweis hatte ich im Gepäck.

Über Feld- und Waldwege ging die Reise zunächst quer durch den heimischen Schönbuch, dann durch

Odenwald und Spessart und schließlich über die Kasseler Berge mitten hinein in den Harz, der mir so vertraut war. Hier hatte ich als Kind manchen Sommer verbracht und war mit meinen Großeltern wandern gegangen. In St. Andreasberg hatte ich die Nachricht erhalten, dass meine Mutter nicht mehr nach Hause kommen würde. Nun quälte ich mich mit dem Rad über steile Straßen hinauf zum Ort vieler Erinnerungen. Einige Tage verbrachte ich im Ferienhaus meiner Großeltern, dann ließ ich die Vergangenheit los. Ich musste weiter, weiter zu dem Mädchen, das auf mich wartete.

Jordanshöhe, Rehberger Graben, Oderteich. Ich fuhr am Brocken vorbei, der damals noch jenseits des innerdeutschen Grenzzauns lag, und hinunter in die Norddeutsche Tiefebene. Weiden, Felder und Alleen, bis weit hinter den Horizont. In einem halben Tag würde ich am Steinhuder Meer sein. Obwohl ich auf meiner Landkarte sehen konnte, dass es sich dabei nur um einen See mittlerer Größe handelte, dehnten sich in meiner Phantasie endlose Sandstrände unter einem klaren, blauen Himmel aus.

In den Jahrzehnten vor dem Internet war es nicht so leicht, Adresse und Telefonnummer von jemandem ausfindig zu machen. Zum Glück gab es wenigstens Telefonbücher. Und zum Glück kannte ich Thuyas nicht gerade geläufigen Nachnamen. Am Ziel angekommen, hielt ich deshalb gleich Ausschau nach einer Telefonzelle. Im zerfledderten Buch fand ich nur einen einzigen Eintrag, der passte. Ich hatte es geschafft. Ich hatte Thuya gefunden.

Aber damit fingen die Probleme eigentlich erst an. Würde sie überhaupt mit mir sprechen wollen? Vielleicht hatte sie ja schon einen anderen Freund. So gut, wie sie aussah, wäre das kein Wunder gewesen. War vielleicht das der Grund, weshalb sie mir nicht schrieb? Fast eine halbe Stunde verging in der Telefonzelle, bis ich es endlich wagte, bei Thuya anzurufen. Ohne Erfolg. Niemand meldete sich, auch nicht beim zweiten Versuch eine Stunde später. Es blieb mir nichts anderes übrig, als meine Pläne zu ändern.

In Hamburg richtete die *Pöppel-Revue* gerade ihr alljährliches Spielertreffen aus. Zwei Tage später saß ich in einem Gemeinschaftszentrum an der Alster und spielte mit roten Augen Konfliktsimulationsspiele. Sechsunddreißig Stunden am Stück. Doch in Gedanken war ich ganz woanders.

Als ich mit dem Fahrrad im Braunschweiger Internat ankam, wartete eine neue Überraschung auf mich: Thuya befand sich nicht unter den Neuzugängen. Noch am selben Abend wählte ich die Nummer, die ich längst auswendig konnte. Thuyas Mutter gab den Hörer weiter. Nach einer kleinen Weile hörte ich endlich das vertraute »Hi!« wieder.

»Hallo, Thuya, hier ist Olaf. Warum hast du mir nicht geschrieben?«

»Ach, frag mich was anderes. Es ist so viel passiert in der Zeit.«

»Warum bist du nicht hier? Wollen dich deine Eltern nicht gehen lassen?«

»Das ist eine lange Geschichte. Erzähl mir lieber, was du so machst.«

Was sollte ich ihr sagen? Dass ich die ganze Zeit nur darauf gewartet hatte, sie wiederzusehen? Viel zu früh endete das Gespräch. Doch wenigstens hatte ich Thuyas Versprechen, dass sie mir schreiben würde. »Diesmal wirklich.«

Und dann kamen ihre Briefe, einer nach dem anderen. Auf vielen Seiten teilte Thuya ihr Leben mit mir. Beobachtungen aus dem Schulalltag; was ihre Freundinnen gesagt hatten; wie doof die Lehrer waren. Ich hing an jedem Wort und liebte auch die kleinen Cartoons auf den Umschlägen. Fortan war jeder Tag ohne Brief von Thuya ein verlorener Tag. Wenn ich ihr schrieb, erzählte ich ihr von meinem Schmerz und von meiner Angst. Oder von der Frage, die mich schon als Kind nicht losgelassen hatte: Gab es diese Welt wirklich, oder existierte sie nur in meiner Vorstellung? Waren die anderen Leute nur Schauspieler in einem todlangweiligen Film namens »Mein Leben«? Vielleicht saß ich ja als einziger Zuschauer im Kinosaal des Universums. Wenn es einen Menschen gab, der all das wirklich verstehen konnte, dann musste das Thuya sein.

Thuya schrieb von dem Silberfischchen, das sie am Morgen beim Duschen erschreckt hatte. Sie schrieb von ihrer Vorfreude auf die Klassenfahrt nach England. Sie schrieb sogar Gedichte. Nur von uns beiden schrieb sie nie. Irgendwann fand ich keine Worte mehr. Mit Wachsstiften malte ich ein großes Herz auf das Papier. Von Safran, Henna und Blutorange über Erdbeer- und Paprikarot bis hin zu Zinnober und Drachenblut ließ ich keinen Rotton aus, dann schickte ich das Bild ab. Was würde Thuya dazu sagen?

Ich rief sie an. Ja, den Brief mit dem Herzen habe sie bekommen. Sogar ihrer Mutter habe sie das Bild gezeigt.

»Sie hat vorgeschlagen, dass du uns mal besuchen könntest.«

An einem Samstag Mitte September stieg ich in Hannover aus dem Zug. Thuya war da. Ich wollte sie so fest umarmen wie damals im Internat, aber sie wich mir aus. Neben ihr standen ihre Eltern. Nachmittags ging es zum Segeln, Thuyas Vater nahm uns mit hinaus. Eine Stunde später war mir übel. »Ich wusste gar nicht, dass wir uns einen der Sieben Schwaben ins Boot geholt haben«, sagte Thuyas Vater und lachte.

Ich schlief in Thuyas Zimmer. Sie selbst kam vorübergehend bei ihrem kleinen Bruder unter. Da lag ich nun, in ihrem Bett, sah ihre Bücher im Regal, ihre Schallplatten. Ihr ganzes Leben spielte sich in diesem Raum ab, nur sie selbst war nicht bei mir. Am nächsten Morgen brach die ganze Familie in die Kirche auf. Ich konnte mich nicht daran erinnern, nach der Konfirmation je wieder einen Gottesdienst besucht zu haben. War das nicht etwas für alte Leute? Aber Thuya sang und betete mit. Als ich während der Predigt ihre Hand nehmen wollte, warf sie mir einen verärgerten Blick zu.

Später am Tag hatten wir endlich ein wenig Zeit für uns, und ich fragte sie, ob sie religiös sei. »Das Dogma der Kirche interessiert mich nicht. Aber an Gott glaube ich schon.« Jesus nannte sie sogar ihren »unsichtbaren Kinderfreund«. Freunde aus Fleisch und Blut hatte sie in der kirchlichen Jugendgruppe gefunden, die sich mehrmals in der Woche traf. Ich erklärte, mit dem Gerede von Gott nichts anfangen zu können. Wo war denn der Jesus, zu dem sie betete? Und dann noch der schreckliche Kirchengesang im Gottesdienst. Nein, für mich stellte das Christentum bestenfalls die Vision einer gerechteren Welt dar; einer Welt, in der alle Menschen in Frieden miteinander lebten – ohne Atomraketen, Terrorismus oder Umweltverschmutzung. Aber das ließ sich doch bestimmt auch ohne einen Gott hinkriegen, dachte ich dabei.

Schon am Abend musste ich wieder im Internat sein. Viel zu wenig Zeit, um mit Thuya zu reden. Kaum eine Gelegenheit, ihre Schulter zu berühren. Nur zum Abschied küssten wir uns kurz in ihrem Zimmer. Thuya brachte mich noch zum Bahnhof nach Hannover. Als mein Zug anfuhr, lief sie ihm nach bis zum Ende des Bahnsteigs und winkte mir dabei zu. Dann war sie weg, und mir kamen die Tränen. Es würde ein nächstes Mal geben, hatte sie gesagt.

Im Internat malte ich neue Bilder. Sie bildeten eine eigene Serie, die ich Thuya in einer Papprolle zuschicken wollte. Auf dem ersten Bogen sah man noch einmal die öde Landschaft, die ich Thuya zu Pfingsten gezeigt hatte. Inmitten des Gerölls ein einsames, weißes Ei. Auf dem nächsten Bild bekam das Ei einen Sprung, auf dem dritten brach es schließlich, und ein graues Küken erschien. So fing die Geschichte an. Ich malte Bild um Bild. Das

Küken, das hilflos zwischen den Steinen umhertapst. Auf der Suche wonach? Endlich entdeckt es einen hohen, schwarzen Turm am Horizont, zu dem es sich aufschwingen kann. Beim Malen ließ ich die Kassette laufen, die mir Thuya überspielt hatte. Prog-Rock vom Feinsten. »Hör doch nicht den Kram, den all die anderen hören!« Also hörte ich jetzt Gentle Giant, Genesis und Marillion.

Thuya war unterdessen beim *Tod des Märchenprinzen* angekommen, einem Klassiker des Feminismus, den ich mir auf ihr Anraten hin im örtlichen Frauenbuchladen ebenfalls besorgte. Ein autobiografischer Roman, für den, so schrieb der *Spiegel* später, die Autorin Svende Merian »den Kampfdress der feministischen Wehrsportgruppe« übergeworfen hatte. Geschildert wurde in großer Ausführlichkeit die Suche nach dem idealen, sprich dem »unmännlichen Mann«. Ich las das Buch und war hinterher verwirrter als zuvor. Das steigerte sich noch, als mich Thuya »einen von den besonders schwierigen Jungs« nannte. Mehr und mehr fragte ich mich, was ihr eigentlich an mir gefiel und was sie von mir erwartete.

An den Wochenenden stand die Zeit still im Internat. Viele meiner Mitschüler fuhren zu ihren Eltern nach Hause, aber mich zog wenig in die Siedlung nach Tübingen. Sooft ich durfte, besuchte ich Thuya am Steinhuder Meer. Wir hörten Platten, tranken Tee und machten ausgedehnte Spaziergänge. Sogar die Kameraden aus der Jugendgruppe kamen vorbei, um mich in Augenschein zu nehmen. An einem Sonntagnachmittag, als es wieder zurück nach Braunschweig ging, war der so lange schon fehlende Knopf an meinem Parka durch einen neuen ersetzt worden. Thuyas Mutter schien mich in ihr Herz geschlossen zu haben. Ihr und ihrem Mann hatte ich es zu verdanken, dass ich alle zwei bis drei Wochen mit Thuya zusammen sein konnte. Ich beneidete Thuya um ihre Familie. Ein normales Familienleben hatte ich selbst nie erfahren. Thuya blickte mich irritiert an. Im Internat sei es doch viel besser, sagte sie. Zu Hause fühle sie sich oft wie im Gefängnis. Oder genauer: wie im Hochsicherheitstrakt von Stuttgart-Stammheim.

Bis zu Thuyas Geburtstag im März wollte ich meine Bilderserie vollenden. Die letzten Bögen würden farbig werden: Licht fällt von oben auf den Grund des schwarzen Turms. Als das graue Küken aufschaut, sieht es einen Vogel auf der Turmmauer sitzen, dessen Federn in allen Regenbogenfarben schimmern. Am Ende fliegen beide nebeneinander unter leuchtenden Wolken dahin. Natürlich mitten hinein in die Abendsonne.

Als ich Thuya Anfang 1985 besuchte, legte sie die neue Single von Herbert Grönemeyer auf. »Flugzeuge im Bauch«. Wieso spielte sie mir ausgerechnet dieses Stück vor? Eigentlich entsprach es doch gar nicht ihrem Geschmack. Grönemeyer sang von eiskalten Händen, sterilen Liebkosungen und abwesenden Gedanken. Er forderte sein Herz zurück, denn: »Du brauchst meine Liebe nicht...«

Immer häufiger kam es jetzt vor, dass Thuya nicht ans Telefon kam, wenn ich anrief. Irgendwann riss der Kontakt ganz ab. Funkstille. Nun hatte ich die Flugzeuge im

Bauch. Fragte sich nur, wer mir *mein* Herz zurückgeben würde.

Ein Jahr später klang Thuyas »Hi« am Telefon, als hätten wir unser letztes Gespräch erst gestern beendet. Sofort fing sie zu erzählen an – vom Segelschein, den sie gemacht hatte, von neuen Freunden und einer neuen Frisur. Ob ich sie mal wieder treffen wolle, fragte sie. Natürlich wollte ich das.

Thuyas Eltern hießen mich willkommen wie eh und je. Ich war froh, dass sie die lange Pause seit unserem letzten Treffen mit keinem Wort erwähnten. Thuya zeigte mir ein Bild, das sie gemalt hatte. Blaue Hausdächer, eins neben dem anderen, unter einem weiten, wolkenlosen Himmel. Es war der Blick aus ihrem Fenster. Sie hatte einfach gemalt, was sie sah, und darauf verzichtet, das Bild mit Symbolen zu überfrachten. Zur neuen Klarheit passte die Platte, die wir fast das ganze Wochenende über hörten: *Meat is Murder* von The Smiths. Die Smiths brachten den Glamour, das Himmelsstürmende und Exaltierte zurück, was so vielen Bands in den letzten Jahren gefehlt hatte. Morrisseys jubilierendes Selbstmitleid und Johnny Marrs Jingle-Jangle-Gitarren – Thuya und ich hatten wieder eine Musik gefunden, die uns beide beflügelte. Außerdem waren wir ja auch beide Vegetarier. So wie Morrissey, der Sänger der Smiths.

Wir sahen uns wieder. Wir schrieben uns wieder. Mal in größeren, mal in kleineren Abständen. Thuya schickte mir Gedichte und Lieder. Ich erzählte ihr von Zazen, der Meditation im Sitzen, doch damit konnte sie nicht viel anfangen. Sie habe es selbst einmal probiert, schrieb sie. Langweilig sei das gewesen, ein ebenso anstrengendes wie sinnloses Ausharren auf dem Meditationskissen. Sie bevorzuge da eher Aikido, eine japanische Kampfkunst. So füllten sich unsere Briefe mit Alltäglichem und glichen dabei eher Monologen als einem wirklichen Gespräch auf Papier. Ich wollte so viel mehr von Thuya. Ich wollte die Wärme ihrer Umarmungen wieder spüren, aber ich lief ins Leere. Nichts zu machen.

Im Frühjahr 1986 schickte mir Thuya einen Text mit dem Titel *Mein Schatten und ich*. Er hatte einen Preis in einem Schreibwettbewerb zum Thema »Glück« gewonnen. Von Glück las ich in Thuyas Text kaum etwas. Er schien mir eher vom Ringen um eine eigene Identität, von Selbstzweifeln und trotzigem Weitermachen zu handeln:

An der geglätteten Hauswand läuft mein Schatten neben mir her. Er schleppt eine Gitarre auf seinem Rücken, hebt sein Bein, um meinen Tritt abzuwehren. »Du ärgerst mich!«, schreie ich ihn an. Die Frau vor mir schaut sich um.

Ich fange an, eine Colabüchse vor mir herzukicken, höre nach einigen Metern auf – es scheint dem Schatten Spaß zu machen.

Verdammt heiß heute, die Haare kleben mir an der Stirn. Hätte mir vorhin vielleicht doch ein Eis kaufen sollen. Ich renne über den Rathausplatz und stelle mir vor, wie der Schatten über das Pflaster geschleift wird.

Weiterrennen, gleich kipp' ich um, weiter, weiter,
ich stolpere und fliege hin. Hab' mir das Knie aufge-
schlagen.
Der Schatten humpelt. Zufrieden gehe ich weiter,
das Knie tut ziemlich weh.

Vor dem Schaufenster gesellt sich mein Spiegelbild für
kurze Zeit zu uns; wir sehen weg. Wer will es wagen,
unsere Feindschaft anzutasten!

War ich Thuya so lästig geworden wie ein an ihr kleben-
der Schatten? War ich jemand, der sie daran hinderte,
frei zu sein? Es war alles so schwer geworden. In Tscher-
nobyl kam es zum Super-GAU. Und wenn schon. Meinet-
wegen hätte auch die Welt untergehen können. Darauf
kam es nun auch nicht mehr an.

Ich schrieb mich an der Freien Universität Berlin ein, um
Japanologie zu studieren. Vom ersten Moment an mochte
ich die Stadt. Nach Konzerten im *Loft* oder im *Quartier
Latin* lief ich manchmal die halbe Nacht über stillgelegte
S-Bahn-Gleise oder durch die Ruinen im Tierpark. Ich
wohnte »jwd«, also janz weit draußen, wie meine Kreuz-
berger Kommilitonen zu sagen pflegten – in Lichterfelde-
West. Mein Reich war ein Zimmer in einem ehemaligen
Damenheim, das ein findiger Architekt noch zwischen
das Klo und die Münzdusche gequetscht hatte. Immerhin
konnte ich, wenn ich im Bett lag, den Garten sehen. In
dieser Zeit wurde Nietzsche mein Gewährsmann. Ich las
ein Buch nach dem anderen von ihm. Zum Teil klang er

wie die jungen Autoren des Berliner Stadtmagazins *Zitty*, nur origineller. Nietzsche sollte mir zeigen, wie das ging mit dem Erwachsenwerden. Keine besonders gute Idee.

Zu Weihnachten erreichte mich ein Brief von Thuya. Sie holte die 13. Klasse nach. Ihre Mitschüler seien auf dem Niveau von Siebtklässlern, schrieb sie. Es ging ihr nicht gut, das merkte man beim Lesen. Ganz am Ende der Seite fragte sie, ob ich sie sehen wolle. Es war der erste Kontakt seit anderthalb Jahren.

Ein paar Wochen später lag ich einmal mehr in ihrem Bett, während sie im Zimmer ihres Bruders übernachtete. Wir kannten uns seit dreieinhalb Jahren. Aber geschlafen hatten wir immer noch nicht miteinander. Als wir uns zum Abschied umarmten, versprach Thuya, mich bald einmal in Berlin zu besuchen.

Beim Warten leistete mir Nietzsche Gesellschaft. Zwischen den Zeilen seiner Bücher las ich überall den Schrei »Ich will leben!«. Das wollte ich auch; mein Leben selbst in die Hand nehmen und nicht länger Getriebener sein. Aber ich wollte auch Thuya. Im darauffolgenden Frühling kam sie endlich, begleitet von einer Freundin. Sie schliefen in der Jugendherberge, zogen durch die Stadt und kauften kiloweise schwarze Klamotten am Nollendorfplatz. In Lichterfelde-West schauten sie nur für eine kurze Stippvisite vorbei. Und für den Abend hatten sie schon Pläne – ohne mich.

Thuya ließ sich Zeit. Doch bei ihrer nächsten Berlin-Reise waren wir endlich ungestört. Zwei blutige Anfänger, die sich trauten, einander wirklich nahezukommen – auf einem Baumwollfuton in einem winzigen Zimmer am Rande der großen Stadt. Radio 100, der erste alternative Sender Berlins, machte die Musik dazu. *Magic Sunday* hieß die Sendung, ein Titel wie bestellt. Würde Thuya nach dem Abitur zu mir nach Berlin kommen? Sie wehrte ab. Es sei noch zu früh, darüber nachzudenken. Außerdem wolle sie sich nicht binden. Am nächsten Tag fuhr sie zurück ans Steinhuder Meer.

Alles begann von vorn. In meinen mit Nietzsche-Zitaten überladenen Briefen drang ich kaum mehr zu Thuya durch. Unsere Telefonate endeten in rat- und trostlosem Schweigen. Thuya hatte mich aus meinem schwarzen Turm befreit. Aber dann hatte ich versucht, sie in einen Käfig zu sperren, auf dass sie nie mehr fortgehen könne. Genau damit hatte ich sie von mir weggetrieben.

Die Mauer fiel, doch ich dachte nur an Japan. Im April 1990 brach ich zum Auslandsstudium nach Kyōto auf, im Koffer jede Menge Mauerreste, um sie an meine neuen Gastgeber zu verschenken. Die Japaner konnten nicht verstehen, warum ich ausgerechnet jetzt ein Jahr meines Lebens opfern wollte, um Zen zu studieren. Die Augen der ganzen Welt waren doch auf Berlin gerichtet! Ich zuckte nur mit den Achseln. Was ging mich die Weltgeschichte an, wenn ich Liebeskummer hatte? Im Herbst fand ich mit Antaiji den Ort, an dem ich zum Mönch ordinieren wollte. Hier würde ich mich ganz dem Weg des Zen widmen können. Aber noch nicht jetzt. Noch war ich nicht reif genug für diesen großen Schritt. »Versuchst du, von der Pubertät direkt zur Erleuchtung zu gelangen?«, hatte mich Thuya in einem ihrer letzten Briefe gefragt. Wie so oft hatte sie recht. Das konnte nicht gelingen. Wichtiger war es, erst einmal mein Studium abzuschließen.

Zurück in Berlin, fand ich über eine Annonce ein dunkles WG-Zimmer in der Konstanzer Straße, nur einen Steinwurf entfernt vom Kurfürstendamm. Mein Fenster ging hinaus auf einen ruhigen Hinterhof, ich blickte direkt auf eine große Kastanie. Nicht der schlechteste Ort, um eine Magisterarbeit über den alten Zenmeister Dōgen zu schreiben.

Bei einem Symposium der Japanisch-Deutschen Gesellschaft im Tiergarten erkannte ich unter den Zuhörern eine Kommilitonin. Ellen studierte mit mir am Ostasiatischen Institut. Sie hatte einen Leberfleck über der Oberlippe, fast wie Cindy Crawford, aber eine mit kurz geschorenem Haar. Ellen war etwas älter als ich und hatte ein Jahr vor mir in Kyōto studiert. In letzter Zeit war sie mir nur noch selten an der Uni begegnet.

Wir verabredeten uns für den nächsten Abend. Jim Jarmuschs Episodenfilm *Night On Earth* war gerade angelaufen, und wir ließen uns mitnehmen auf fünf Taxifahrten in fünf verschiedenen Städten. Der Film, der voller Zärtlichkeit ist für alle, die die Nacht zu ihrem Zuhause machen, endet im Morgengrauen. Drei betrunkene Finnen torkeln in Helsinki aus dem Taxi, während der Schnee nicht aufhört zu fallen und ein neuer Tag auf der Erde gerade erst begonnen hat. Als Ellen und ich das Kino verließen, hatten wir beide geweint.

Nur fünf Minuten entfernt, im sogenannten guten

Kreuzberg, lag die *Zyankali Bar*. Ellen erzählte mir von ihrem Karatelehrer, der ihr Interesse für Japan entfacht hatte. Mittlerweile komme sie allerdings kaum noch zum Training. Ich fragte Ellen, warum sie in den letzten Monaten auch nur noch so selten an der Uni gewesen sei. »Nach meiner Rückkehr aus Japan habe ich eine Tochter bekommen«, antwortete sie. Ylvie war inzwischen ein Jahr alt. »Heute Abend kümmert sich mein Freund um sie.« Nach einer kurzen Pause fügte sie hinzu: »Mein Ex-Freund.«

In der nächsten Zeit sah ich Ellen, sooft ich konnte. Sie hatte eine Tochter. Ich hatte keine Mutter. Sie konnte kochen. Ich hatte mich die letzten Jahre über nur von Haferflocken ernährt. Sie besaß ein Auto. Ich hatte noch nicht einmal einen Führerschein.

An den Wochenenden unternahmen wir Ausflüge ins Grüne. Zu dritt, denn ich verstand mich gut mit Ylvie. Die Osterferien verbrachten wir im tief verschneiten Harz. Die Auszeiten vom Alltag klappten also hervorragend. Aber wie sollte es im richtigen Leben weitergehen? Bei einem meiner Besuche warf mir Ellen vor, mich wie ein Enkel zu benehmen, der auf ein Wochenende bei seiner Oma vorbeischaut. Immer auf dem Sprung, immer nur Gast. Wir waren schon mehr als vier Monate zusammen, aber Gedanken über die Zukunft unserer Beziehung hatte ich verdrängt. Nur was ich für mich wollte, das wusste ich: so schnell wie möglich meinen Abschluss machen und dann nach Japan zurückkehren. Ellen kannte meinen Traum, als Mönch in einem Kloster zu leben. Zwei oder drei Jahre, aber nicht länger würde sie in Berlin auf mich warten, sagte sie. Ich erzählte ihr besser nicht, dass die Mönche von Antaiji mir eine Sache mit auf den Weg gegeben hatten: Wem es ernst sei, der bleibe mindestens zehn Jahre, sonst verschwende er nur seine Zeit.

Ich stand kurz vor dem Abschluss meiner Magisterarbeit. Ich schrieb, ohne aufzublicken, dabei lief die Anlage in meinem Zimmer auf voller Lautstärke. Mit der Ruhe im Hinterhof war es vorbei. Bei der Auswahl der Platten machte ich keine Experimente. Ich hielt mich ausschließlich an jene Bands, die ihre Songs auf dem kalifornischen Label SST Records veröffentlichten: Black Flag, Dinosaur Jr., Sonic Youth... Und in den frühen Morgenstunden sorgten Bob Mould und Grant Hart von Hüsker Dü dafür, dass ich wach blieb und mich nicht alleine fühlte. Noch eine Band, die meine Gedanken und Gefühle lesen konnte, wenn sie vom Erwachsenwerden sang. Würde ich irgendwann einmal dieses Knäuel aus Schuldgefühlen, Unsicherheit und Zaudern entwirren können? Ein *Mann* sein?

»Hi, wie geht's?«

Ich hatte meine Magisterarbeit gerade abgegeben, als Thuya anrief. Zum ersten Mal seit fast vier Jahren hörte ich ihre Stimme. Mein Vater hatte ihr die Nummer der WG gegeben. Thuya studierte jetzt Medienwissenschaft in Marburg. Mit dem bereits begonnenen Theologiestudium hatte es offensichtlich nicht hingehauen. Ob ich gerade solo sei, wollte sie wissen. Ich verneinte. Sie habe ebenfalls einen Freund, ließ sie mich wissen, Jeff aus den

USA, der für ein Jahr zum Studieren nach Deutschland gekommen war. »Wie wäre es, wenn ich auf einen Abstecher bei dir vorbeikäme?«, fragte sie. »Aber du musst mir garantieren, dass ich eine eigene Matratze, ein eigenes Zimmer und möglichst auch ein eigenes Bad bekomme!« Thuya schien die Kapazitäten einer Berliner Wohngemeinschaft leicht zu überschätzen. Sie würde sich mit der Erfüllung eines ihrer Wünsche begnügen müssen. Wenigstens konnte ich ihr versprechen, dass ich meinen Futon so weit wie möglich in die Zimmerecke rücken und damit maximale Distanz zu ihrer Besuchermatratze herstellen würde.

Ich schenkte Ellen reinen Wein ein. Sie merkte schnell, dass sich da nicht irgendjemand aus Westdeutschland angesagt hatte, wünschte mir aber dennoch für das Wochenende viel Spaß. Eigentlich gab es ja auch keinen Grund zur Sorge, Thuya hatte schließlich einen Freund.

Dann war sie da; stieg aus dem Auto, das sie mitgenommen hatte, und stand mitten auf dem Ku'damm, in ihren Augen ein Leuchten, das ich nicht an ihr kannte. Thuya war noch schöner geworden. Am Abend gingen wir in den *Zwiebelfisch*, eine Kneipe am Savignyplatz. Mir missfiel es, wie die anderen Männer Thuya anschauten, sie selbst schien die Aufmerksamkeit nicht zu stören. Ob ich mit ihr in den *Bunker* tanzen gehen wolle, fragte sie. Ich schüttelte den Kopf. Tanzen zu gehen war so ziemlich das Letzte, wonach mir der Sinn stand. Ich wollte endlich mit Thuya allein sein.

In meinem Zimmer tranken wir *Bärenpils* aus der Flasche, und ich legte *My Aim is True* auf, das erste Album von Elvis Costello. Thuya erkundigte sich nach Ellen. Dann erzählte sie mir freimütig von den Männern, mit denen sie seit unserem Bruch zusammen gewesen war. Mit dem einen länger, mit dem anderen auch mal nur eine Nacht. An die genaue Zahl könne sie sich gar nicht mehr genau erinnern. Das alles ging mich zwar nichts an, weh tat es aber trotzdem. Thuya erklärte, bei dem Leben, wie sie es nun führe, handle es sich auch um so etwas wie Rache. An wem sie sich rächen wollte, sagte sie nicht. Die Nacht war schon fast vorbei, als wir beschlossen, dass wir beide auf meinem Futon Platz finden würden. »Du bist ganz schön mutig!«, sagte Thuya. Dann küssten wir uns wie früher.

Die zwei gemeinsamen Tage erschienen mir wie eine kurze Flitterwoche. Wir schmiedeten sogar Pläne, die über einen Gegenbesuch von mir in Marburg hinausgingen. Ob ich sie im Sommer nicht nach Ibiza einladen wolle, fragte Thuya. Ich konnte es mir vorstellen. Auf einmal konnte ich mir so vieles wieder vorstellen. Und ich hatte nicht einmal ein schlechtes Gewissen dabei.

Dabei sah ich Ellen weiterhin. Ich schob den Kinderwagen mit Ylvie, während wir durch die Hasenheide spazierten. Ein Geständnis war fällig.

»Ich habe mit Thuya geschlafen«, sagte ich.

»Ich weiß«, antwortete sie.

Nein, ich hätte mich nicht wieder in Thuya verliebt, kam ich ihrer Frage zuvor. Eine glatte Lüge. Doch nicht einmal mir selbst gegenüber war ich aufrichtig. Nichts sollte meinem Aufbruch nach Japan im Wege stehen. Am Abend sahen wir *Wild at Heart* von David Lynch im Freiluftkino, die Liebesgeschichte von Sailor und Lula. Am Ende des Films wartet Lula sechs Jahre mit ihrem Sohn auf Sailor, der im Gefängnis sitzt. Würden Ellen und Ylvie auch auf mich warten, wenn ich für ein Jahrzehnt nach Antaiji ginge? Wollte ich das überhaupt? Meine Gedanken reichten nur bis Marburg.

Um ihr Studium zu finanzieren, kellnerte Thuya in einem Café. Dort holte ich sie ab, dann fuhren wir zum Studentenwohnheim, in dem Jeff und sie jeweils ein Zimmer gefunden hatten, allerdings auf verschiedenen Stockwerken. Thuyas Beuteschema hatte sich nicht verändert: Jungs mit melancholischem Gesichtsausdruck, deren Verfassung irgendwo zwischen chronischer Schwermut und akutem Todeswunsch einzuordnen war. Jeff tendierte gerade eindeutig zu Letzterem. Den ganzen Vormittag über kümmerte sich Thuya um sein Wohlbefinden, und auch in der Nacht ließ sie ihn nicht allein.

Jetzt kämpfte ich mit der Eifersucht. Ich wollte Thuya mit niemandem teilen. Sie sollte mir allein gehören. An Ellen, die in Berlin auf mich wartete, dachte ich dabei keine Sekunde. Stattdessen lud ich Thuya nach Tübingen ein. Zum ersten Mal sah sie mein Elternhaus, und im Garten des Klosters von Bebenhausen vergaßen wir die Zeit. Thuya liebte Kräuter, daran hatte sich nichts geändert. Wir kauften im Bio-Laden ein, dann kochten wir zusammen, natürlich vegetarisch. Sollte ich wirklich nach Japan gehen?

Unmittelbar nach meiner Rückkehr nach Berlin rief Ellen an:

»Wo warst du so lange? Komm vorbei, ich habe mit dir zu reden!«

»Es ist schon ziemlich spät, kann es auch morgen sein?«

»Nein, jetzt sofort.«

Wollte sie sich trennen? Sie musste gespürt haben, dass ich schon seit Wochen mit meinen Gefühlen nicht mehr wirklich bei ihr war. Im Grunde parkte ich nur noch meine Platten und Bücher bei ihr. Ja, so musste es sein. Ellen wollte Schluss machen. Ich dachte an Ylvie. Bei meinen letzten Besuchen hatte sie mich »Papa« genannt. Dabei sah sie doch ihren richtigen Vater jedes zweite Wochenende.

Ylvie schlief schon, als ich zu Ellen kam. Wir setzten uns in die Küche. Ellen sah mich eine Weile an, dann sagte sie es:

»Ich bin schwanger.«

Für einen sicheren Schwangerschaftstest sei es noch zu früh. Aber Zweifel gebe es trotzdem keinen.

Eine Woche später saßen wir in der Praxis des Frauenarztes. Es stimmte. Ellen war schwanger. Sie freute sich, denn nun würde Ylvie nicht allein aufwachsen. »Und was meint der Vater dazu?«, fragte der Arzt und drehte sich zu mir. Ich blickte nur stumm auf den Boden. Ellen antwortete für mich: »Er ist selber noch wie ein Kind«, sagte sie.

An einen Sommer mit Thuya auf Ibiza war jetzt nicht mehr zu denken. Konnte ich mir eine Zukunft mit Ellen und Ylvie und einem weiteren, *meinem* Kind vorstellen? Ich war vierundzwanzig. Die meisten meiner Kommilitonen standen gerade erst am Beginn des Hauptstudiums. Vor einigen Wochen hatte ich mich um ein Stipendium für ein Promotionsstudium in Japan beworben. Später konnte ich dann versuchen, am Ostasiatischen Institut eine akademische Karriere einzuschlagen. Man müsse nicht im Kloster leben, um Zen zu praktizieren. Es käme auf die Praxis des Alltags an, hatte ich in einem Buch gelesen. Und auch, und zwar im selben Buch, dass man den wahren Meister nicht irgendwo tief in den Bergen antreffe, vergraben in seiner Einsamkeit, sondern mitten im Leben, neben seiner Frau und seinen Kindern. Das behauptete zumindest der Autor, ein japanischer, im Übrigen kinderloser Zenmeister. Er hatte leicht reden. Ich war für eine Familie noch nicht bereit. Für mich kam alles ein Jahrzehnt zu früh. So teilte ich es Ellen mit. »Zeit für dich, erwachsen zu werden«, entgegnete sie.

Drei Wochen vergingen. Wir redeten viel, aber meistens nur aneinander vorbei. Dann kam der Anruf. Ellen hatte Schmerzen im Unterleib, ich sollte sie ins Krankenhaus bringen. Sie weinte und konnte nicht wieder aufhören. Bald wussten wir, dass sie eine Fehlgeburt erlitten hatte, doch alles, was ich spürte, war Scham. Ich schämte mich für mein verantwortungsloses Verhalten, dafür, dass ich Ellen keine Kraft geben konnte; aber wohl am meisten dafür, dass ich nicht einmal richtig traurig war.

Ellen verzieh mir und brachte mich im September sogar noch bis zum Flughafen nach Frankfurt. Dort nahmen wir Abschied voneinander. Wir würden uns nicht wiedersehen. Thuya hatte mir immer meine Sehnsucht nach einer festen Bindung vorgeworfen. Jetzt war ich es, dessen Wunsch nach Freiheit und Abenteuer übermächtig war, der die Flucht ergriff und jemanden zurückließ, der wollte, dass ich blieb.

In einem engen Zimmer am Fuß der Berge von Kyōto legte ich die Platten von Daniel Johnston auf, eine nach der anderen. Johnston sang mir vor, wie es mir ging. In der Tat: Einige Dinge dauerten ewig. *Some Things Last a Long Time.*

Erst in Kyōto wurde mir bewusst, was ich alles falsch gemacht hatte. Aber so viele Vorwürfe ich mir wegen meiner missglückten Beziehung zu Ellen und Ylvie auch machte, Thuya vermisste ich noch mehr. Ich versuchte erfolglos, sie vom Münztelefon in Japan aus in ihrem Wohnheim zu erreichen. Mehrmals pro Woche schrieb ich ihr und zitierte dabei natürlich auch Daniel Johnston, der mir Worte fürs Vermissen lieh: *Honey, I Sure Miss You* ... Ich hatte das Bedürfnis, ihr alles zu erklären und sie endlich zu fragen, an wem und wofür sie sich rächen wollte. Am liebsten hätte ich sie zu mir nach Japan geholt. Wieder wollte ich sie fesseln. Ich hatte immer noch nicht begriffen, dass sie frei sein wollte.

Auf meine wortreichen Briefe antwortete sie ebenfalls mit einem Zitat von Daniel Johnston. Sie schlug mich mit meinen eigenen Mitteln und gab mir auf diese Weise einen letzten Rat: *Can't undo what's been done / My advice to you is to carry on* (Ich kann's nicht ändern, was geschehen ist / Aber ich rate dir: Fang neu an). Als PS fügte sie noch ein paar Sätze hinzu, die es in sich hatten: »Meine Güte, habe ich dir wirklich so viel bedeutet? An was du dich alles erinnerst! Ist so ein voller Dachboden nicht belastend? Ich verstehe deinen Schmerz, ich kann und werde ihn aber nicht zu meinem machen. Ich habe allein in den letzten paar Wochen Dinge erlebt, vor denen die Erinnerung an dich völlig verblasst ist. Im Übrigen warst du für mich nur einer von den Schmetterlingen, die Paul Weller in *The Butterfly Collector* besingt. Fies, oder? So, das war es.«

Wollte Thuya damit behaupten, dass sie mit mir nur gespielt hatte? Dass ich nur ein Exemplar in ihrer Sammlung von Männern gewesen war, einer von vielen? Ich weigerte mich, das zu glauben, aber ganz sicher war ich mir nicht. Zumindest sah ich ein, dass der Käfig meines Herzens endgültig zu eng für sie geworden war. Ich musste loslassen. Ich musste Thuya ziehen lassen.

Habe ich Thuya geliebt? Und Ellen? Nein. Leider kann ich nicht von mir behaupten, den beiden Frauen wirklich meine Liebe gegeben zu haben. Dazu war es mir zu oft nur um mich gegangen. Ich war es, der geliebt werden wollte. Thuya hat mich zwar das Verliebtsein gelehrt, und Ellen hat mir gezeigt, dass man nicht ewig Kind bleiben kann. Aber das Lieben selbst musste ich erst noch lernen. Die Wirren einer Jugendliebe haben nur sehr wenig gemein mit der reifen Liebe eines erwachsenen Menschen. Gleichzeitig glaube ich aber doch, dass selbst in der Verliebtheit eines Teenagers bereits ein Keim jener Liebe steckt, die sich erst später im Leben voll entfalten kann. Mit dieser Liebe meine ich das immer wieder aufs Neue unter Beweis gestellte Da-Sein für einen anderen Menschen.

Im Vorfeld zu diesem Buch stellte ich einige Recherchen an. Ich tauchte ab in meine Vergangenheit. Auch nach Thuya hielt ich Ausschau. Nun war ich dabei nicht mehr auf ein zerfleddertes Telefonbuch angewiesen, nun gab es Facebook. Ich suchte den Kontakt zu ihr, weil ich wusste, dass ich auch über meine erste Liebe schreiben wollte, und mich interessierte ihr Blick auf unsere Geschichte. Sie stehe für einen Austausch zur Verfügung, schrieb sie mir, allerdings schaue sie grundsätzlich nicht oft zurück. Die alte Thuya, die sie als »Bitch« charakterisierte, gebe es sowieso nicht mehr: »Ich bin heute ein völlig anderer Mensch – ebenso glücklich desillusioniert wie glücklich verheiratet. Und ich bin stolze Mutter von drei Kindern!« Ein Vierteljahrhundert Arbeit in der Klinik und im Hospiz, in der Obdachlosen- und Drogenhilfe habe sie gelehrt, Dinge hinter sich zu lassen. Aber auch eine gute Portion Optimismus habe sie inzwischen vom Leben mitbekommen. In ihren Zeilen spürte ich noch immer dasselbe Licht und dieselbe Vitalität, die ich schon vor dreißig Jahren an Thuya geliebt hatte. Besonders einen Satz aus ihren Mails, die notgedrungen viel von der Vergangenheit handelten, glaubte ich ihr aufs Wort: »Im Übrigen finde ich die Gegenwart deutlich spannender und relevanter.«

Bei diesem Satz musste ich an ein *Kōan* denken, das mir einmal jemand erzählt hatte. Es handelt von zwei Mönchen, die sich auf Pilgerreise befinden. Am Ufer eines Flusses sehen sie ein junges Mädchen stehen. Da sie selbst die Furt überqueren wollen, bietet der eine der beiden Mönche dem Mädchen an, es über den Fluss zu tragen, damit sein schönes Kleid nicht nass werde. Gesagt, getan. Die Überquerung gelingt, das Mädchen kommt trocken ans andere Ufer, und die Mönche setzen ihre Reise fort. Schweigend.

Am Abend schlagen sie ihr Lager unter dem Sternenzelt auf. Da bricht es aus dem anderen heraus:

»Ich kann nicht glauben, dass du als Mönch dieses Mädchen in den Arm genommen hast!«

Sein Mönchsbruder blickt ihn erstaunt an:

»Was? Du trägst sie noch immer mit dir herum?«

Teamgeist im Kloster

Liebe besteht nicht darin,
dass man einander anschaut,
sondern dass man gemeinsam
in dieselbe Richtung blickt.

Antoine de Saint-Exupéry

Der dritte Begriff für die Liebe, der sich bei den alten Griechen finden lässt, lautet *Philia*. Er begegnet uns in Wörtern wie Philharmonie, Philanthropie, Philosophie. Wer sich der Musik hingibt, der Menschheit oder der Weisheit, praktiziert eine Form der Liebe. Jeder kann sich das Objekt von *Philia* selbst wählen, das unterscheidet *Philia* von *Storge*. Und während *Eros* eine starke körperliche Komponente besitzt, geht es bei *Philia* um etwas Geistiges. *Philia* bezeichnet eine Liebe, die uns mit einem höheren Ziel verbindet. Sie richtet sich nicht auf einen schönen oder tugendhaften Menschen, sondern auf die Schönheit und Tugend selbst. *Philia* kann aber auch Menschen, die dasselbe Ziel verfolgen, miteinander verbinden. Deshalb wird der Begriff manchmal mit »Freundschaft« übersetzt. Ob die Freunde dann nur ein gemeinsames Hobby pflegen oder aber sich dem Kampf für die Weltrevolution verschrieben haben, spielt keine Rolle. *Philia* sorgt dafür, dass sie ihr Ziel mit heiligem Ernst anstreben und dabei immer mehr zu einer verschworenen Gemeinschaft zusammenwachsen.

Im Gegensatz zu *Eros*, der in den meisten Fällen genau zwei Menschen verbindet, kennt *Philia* keine Beschränkung der Zahl. Ein Hobby kann man alleine betreiben, aber auch in einer großen Gruppe, ohne dass es deshalb zu Eifersüchteleien kommt. Ein einsamer Maler, der sich ganz seiner Kunst hingibt, ohne je von einem anderen Menschen Unterstützung zu erfahren, praktiziert ebenso *Philia* wie das Ballett-Ensemble, das sich auf den gemeinsamen Auftritt vorbereitet.

Ein anderes Beispiel für *Philia* ist die Liebe, wie sie sich in einer langen Partnerschaft entwickelt, wenn man zusammen durch gute wie böse Zeiten gegangen ist und längst schon, wie Saint-Exupéry sagt, »gemeinsam in dieselbe Richtung blickt«. Auch die Beziehung zwischen Meister und Schüler wird oft von *Philia* getragen. Wer möchte, kann dabei etwa an die Liebe zwischen Jesus und seinen Jüngern denken. Oder, und da spreche ich aus eigener Anschauung, an den Alltag in einem Zenkloster.

Storge, Eros oder *Philia* – lassen sich diese Formen der Liebe in eine Rangfolge bringen? Welche trägt den Sieg davon, ist die schönste, gilt am meisten? Vermutlich hängt die Antwort ganz entscheidend von dem Punkt ab, an dem sich jemand gerade in seinem Leben befindet. *Storge* saugt man mit der Muttermilch auf, *Eros* macht aus glücklich Verliebten eine Einheit, und *Philia* kann besonders im höheren Alter an Bedeutung gewinnen, wenn das Feuer der romantischen Zweierbeziehung nicht mehr gar so hell lodert und Hobbys plötzlich wichtig werden. Das zeigt schon, dass ein Vergleich der drei Formen kaum möglich ist, zumal sie sich ja auch nicht untereinander ersetzen lassen. Ein Philanthrop wird seine Liebe kaum auf eine Stufe mit dem Verliebtsein zweier Teenager stellen, denen wiederum, zumindest für ein paar turbulente Wochen oder Monate, das Zusammensein mit dem Partner wichtiger sein dürfte als alle Liebe zur Heimat oder zur eigenen Sprache.

Nach landläufiger Meinung übertrifft die erotische Liebe eine bloße Freundschaft mühelos an Intensität. Wenn aus Freundschaft Liebe zu werden scheint, kommt eine neue Unbedingtheit, ein neuer Ernst ins Spiel. Viele Liebende berichten denn auch davon, wie zerrissen und unsicher sie sich fühlten, als sich ihnen plötzlich die Frage stellte: »Sind wir noch Freunde oder schon so etwas wie ein Paar?« Im Englischen steht das Kürzel *BTP* für diesen Zustand des Dazwischen: Eine *Boyfriendy Type Person* ist laut dem *Urban Dictionary* »noch nicht wirklich dein Freund, mit dem du zusammen bist, [...] aber mehr als ein Techtelmechtel«.

Für die Soziologin Eva Illouz sind Definitionen wie diese Ausdruck eines grundlegenden Wandels in der Gestaltung menschlicher (Liebes-)Beziehungen. Das Ideal, schreibt Illouz in ihrem Buch *Warum Liebe weh tut*, ist nicht länger die feste Bindung, sondern das möglichst lange Offenhalten aller Optionen, denn eine vorschnelle Festlegung könnte uns um eine eventuell vielversprechendere Alternative bringen. Das einzige Kriterium, das wir bei unserer Wahl gelten lassen, ist die Authentizität unserer Gefühle. Wir suchen nach der großen, der einzig wahren Liebe, scheuen aber gleichzeitig jede Bindung, weil wir gelernt haben, dass sich unsere Gefühle manchmal schneller ändern können, als uns lieb ist.

Das eingeschriebene Verfallsdatum unterscheidet *Eros* von *Storge*. Auch wenn noch so viele Jahre vergangen sind, wir fühlen uns trotzdem sofort wieder »daheim«, wenn wir an den Ort unserer Kindheit zurückkehren. Der Kontakt zur Familie reißt ebenfalls kaum je ganz ab. Sicher, es gibt auch Paare, die den Sprung von der Liebe zur Freundschaft schaffen, aber sie sind doch in der Minderheit; gar nicht unbedingt, weil sie auf Freundschaft keinen Wert legen, eher wird das Gegenteil zutreffen: Wahre Freundschaft, also *Philia*, verlangt einem viel mehr ab als romantische Liebe. Sie resultiert nicht einfach nur aus einem Verlangen, sondern will kultiviert werden. Liebe passiert auf den ersten Blick (manchmal), wahre Freundschaft braucht Jahre.

Obwohl es theoretisch möglich ist, zu einer beliebig großen Anzahl von Menschen Gefühle von *Philia* aufzubauen, werden wir im Alltag nicht jeden Passanten, dem wir auf der Straße begegnen, so lieben, wie er ist. Wer es im Supermarkt eilig hat, spürt keine Liebe für seine Mitmenschen in der Schlange. Wir nehmen sie meistens nicht einmal als »Mitmenschen« wahr, sondern schlicht als Modelle eines bestimmten Typs: Da ist die Businessfrau im Kostüm, dort der Umweltbewusste im selbst gestrickten Pullover und dahinten der Hipster mit entsprechendem Bart und Schlumpfmütze. Schon allein um uns selbst vor Reizüberflutung zu schützen, ordnen wir die Menschen in Schubladen ein. Das Besondere an jedem Einzelnen von ihnen sehen wir nicht und haben auch kein Interesse daran, es zu sehen – außer wenn wir lieben.

Zu *Eros* gehört es, ein Individuum in seiner ganzen Einzigartigkeit zu lieben. *Philia* hingegen interessiert sich nicht für das je Besondere, sondern für das, was viele Menschen miteinander verbindet. Das kann Musik sein oder Bienenzucht, aber auch Religion oder eine bestimmte politische Weltanschauung. *Philia* transzendiert die zufällige Besonderheit des Einzelnen und verweist auf ein Ziel, das sich die Liebenden selbst gewählt haben.

In einem Sport wie Fußball wird *Philia* »Teamgeist« genannt. Brillante Einzelspieler reichen nicht, will eine Mannschaft auf Dauer Erfolg haben. Es muss schon eine verschworene Einheit auf dem Platz stehen, die sich für den Sieg zerreißt. Setzt es eine Niederlage, lauern hinterher die Reporter am Spielfeldrand. Sie wollen erfahren, woran es gehapert hat, doch die Spieler sondern nur die üblichen Floskeln ab. Der Regen war schuld. Nein, der Rasen. Vor allem aber der blinde Schiedsrichter. Oder doch die mangelnde Unterstützung der Fans? Außerdem waren die besten Spieler verletzt, den Ersatzleuten fehlte die Erfahrung, und obendrein hatten wir auch noch Pech. Eigene Fehler? Wir doch nicht! Nur die Niederlage, für die keiner Schuld trägt, die lässt sich nicht wegdiskutieren.

In einem Zenkloster gibt es keine Meisterschaft zu gewinnen, keine Gegner, die besiegt werden müssten. Doch auch in einer Mönchsgemeinschaft müssen alle an einem Strang ziehen, und dem Abt obliegt es wie dem Trainer im Fußball, jeden Einzelnen aus der Gemeinschaft dazu zu bringen, stets alles von sich zu geben, ohne dass darunter die Harmonie innerhalb der Gruppe leidet.

»Du erschaffst Antaiji!« Das waren die ersten Worte, die ich von meinem damaligen Abt zu hören bekam. Ich war zweiundzwanzig und hatte keine Ahnung von der Praxis des Zen. Wie sollte gerade ich, zudem noch als einziger Nicht-Japaner im Kloster, Antaiji erschaffen können? Erst später verstand ich, was der Abt wirklich gemeint hatte: Antaiji war und ist der Ort, zu dem ich ihn mache, nicht mehr und nicht weniger. Wenn ich die Augen und Ohren öffne, werde ich dort mich und die Welt entdecken können. Wenn ich dagegen die Zeit meines Lebens verschwenden will, ist auch das in Antaiji möglich. Es liegt nur an mir.

Ein paar Jahre darauf hatte ich an einem anderen, scheinbar vollkommen konträren Lehrsatz meines Meisters zu knabbern. »Auf dich kommt es hier nicht an!«, hatte er zu mir gesagt. Aber sollte ich nicht Antaiji erschaffen? Wie passte das eine zum anderen?

Bei näherem Nachdenken löste sich der vermeintliche Gegensatz in Wohlgefallen auf. Beides gehörte zusammen, die Verantwortung für die eigene Praxis und das Absehen vom Ich. Antaiji zu erschaffen bedeutet nämlich nicht, dass jeder alles so machen kann, wie er es für richtig hält.

Heute bin ich der Abt. Wenn ich meine Schüler unterweise, variiere ich den Satz meines Meisters und sage: »Ihr müsst als Erstes Antaiji entdecken!« Jeder Neuling muss sich zunächst einmal mit den Gegebenheiten und den Regeln vertraut haben, ehe er ans Erschaffen »seines« Klosters denken kann. Dazu braucht er dann die ganze Gemeinschaft, die mit ihm dafür sorgt, dass die Praxis gelingt.

Manche meiner Schüler sind sehr beflissen, höflich und strebsam. Sie ecken nie an und stören nie den Klosterfrieden, entwickeln aber keine Eigeninitiative. Sie überlassen es anderen, Antaiji zu erschaffen. Und dann gibt es welche, die voller Ideen stecken und sie auch voller Selbstbewusstsein verwirklichen wollen. Immer streben sie danach, zu den Besten zu gehören. Nur vergessen sie dabei leider allzu oft, dass ihnen das Kloster nicht allein gehört. Von niemandem wollen sie sich etwas sagen lassen. Können sie sich einmal nicht durchsetzen, bedeutet das für sie eine große Kränkung. Dann kommt es vor, dass sie Antaiji Knall auf Fall verlassen.

Antaiji soll jedem einzelnen Bewohner so viel Raum geben, wie der Himmel den Vögeln gibt. Wie eine Schar von Zugvögeln mit gemeinsamem Ziel muss die Gemeinschaft sein, wie ein Dahinfliegen in zwangloser Formation bei feststehender Richtung. Und eben weil die Richtung feststeht, kann das zu einer Intoleranz gegenüber Abweichungen führen, die typisch für *Philia* ist. Tanzt einer aus der Reihe, kann das die ganze Gruppe gefährden. Es ist deshalb wohl kein Zufall, dass es sowohl im Christentum als auch im Buddhismus seit uralten Zeiten den Brauch der Exkommunizierung gibt. Obwohl sich beide Religionen die Errettung *aller* Wesen zum Ziel gesetzt haben, verlangen sie von ihren Anhängern absolute Hingabe an dieses und nur dieses Ziel. Wer nicht folgen kann oder will, verliert seinen Platz in der Gemeinschaft.

Beschwere ich mich als Meister über meine Schüler, bin ich jedoch nicht besser als der Fußballtrainer, der seine Mannschaft an den Pranger stellt; oder der Koch, der dem Gemüse die Schuld am ungenießbaren Essen gibt. Um es ganz klar zu sagen: Wenn mit der Praxis in Antaiji etwas im Argen liegt, trägt nur einer die Verantwortung dafür, und das bin ich, der Abt des Klosters.

Gleichzeitig ist aber auch der Schüler für den Meister verantwortlich. Warum? Weil er in ihm immer nur das erkennt, was er selbst auch erkennen will. Es ist ein wechselseitiger Prozess. Der Meister bekommt immer genau den Schüler, zu dem er ihn macht, und der Schüler immer genau den Meister, den er in ihm sehen will.

Ich kann mir vorstellen, dass viele Menschen, die zu Jesus kamen, sich erhofften, in ihm eine Art Vater zu finden. Spinnt man diesen Gedanken weiter, könnte es also ein Mangel an *Storge* gewesen sein, der die ersten Christen zu Jesus geführt hat, ein Mangel an Liebe, Halt und Orientierung. Alle vier Evangelien kennen die Geschichte von der Frau, die Jesus mit wertvollem Öl das Haupt oder, so eine Variante, die Füße salbte. Das Lukasevangelium nennt sie eine »Sünderin«, und die Jünger sollen sich über die Verschwendung des Öls entsetzt gezeigt haben, denn man hätte es verkaufen und den Erlös für einen anderen, besseren Zweck verwenden können, etwa zur Speisung der Armen. Vielleicht störte es sie auch, dass die Liebe dieser Frau auf die Person Jesus gerichtet war und nicht auf den Inhalt seiner Lehre. Doch Jesus selbst weist die Frau nicht zurecht, er stellt sich demonstrativ vor sie: »Lasst sie! Was bekümmert ihr sie? Sie hat ein gutes Werk an mir getan. Denn ihr habt allezeit Arme bei euch, und wenn ihr wollt, könnt ihr ihnen Gutes tun; mich aber habt ihr nicht allezeit.«

Die Geschichte zeigt, dass es zur Kunst jedes Meisters gehört, seine Schüler dort abzuholen, wo sie sich nun einmal befinden, oder auch, wohin sie sich verirrt haben. Wenn der Schüler nach einem Ersatzvater sucht, sollte ihm vom Meister genügend Zeit gegeben werden, in der er lernen kann, auf eigenen Beinen zu stehen. Wenn es zum Emanzipationsprozess des Schülers gehört, zumindest zu Beginn den Meister wie einen Vater zu betrachten, sollte ihm das nicht verwehrt werden. Der Meister erlaubt es, weil er die Hoffnung hat, dass aus dem jetzt noch so unselbstständigen Schüler irgendwann einmal seinerseits ein Meister wird, der Verantwortung für andere übernehmen kann.

Leicht ist das nicht. Stets droht ein Abhängigkeitsver-
hältnis zwischen Meister und Schüler, das, einmal in-
stalliert, nur noch schwer zu lösen ist. Dazu kommt, dass
es nicht nur wenige Schüler gibt, die wirklich über sich
hinauswachsen können, sondern auch nur wenige vollkommene Meister. Immer wieder kommt es vor, dass ein
Meister aufgrund seiner Erleuchtung glaubt, sich über
alle gesellschaftlichen Regeln hinwegsetzen zu können.
Man muss schon sehr fest in sich und seinen Prinzipien
verankert sein, um nicht Gefahr zu laufen, die Abhängigkeit eines Schülers zu seinen eigenen Zwecken auszu-
nutzen und damit zu missbrauchen.

Das folgende *Kōan* bereitet Zen-Schülern schon seit Jahrhunderten Kopfschmerzen: Da ist eine Frau. Sie lässt
einen Einsiedler zwanzig Jahre lang bei sich in ihrer
Hütte wohnen und bereitet ihm zwei Mahlzeiten am Tag
zu, damit er sich ganz und gar auf seine Praxis konzentrieren kann. Eines Tages gibt sie ihrer Enkelin einen
Auftrag: »Wenn du dem Einsiedler heute sein Essen
bringst, flüster ihm ein paar süße Worte ins Ohr!« Nur
wenig später kommt das junge Mädchen zurück und
richtet der Frau die Worte des Einsiedlers aus: »Vergeblich kokettierst du mit dieser dürren Kiefer, die einsam
auf ihrem Felsen sitzt!« Als die Frau das hört, setzt sie
die Hütte in Brand.

Auch heute legen die meisten buddhistischen Mönche
in Asien noch das Gelübde ab, zölibatär zu leben. Nur in
Japan ist das anders. Dort wird das Zölibat nicht mehr
praktiziert. Das erwähnte *Kōan* stammt jedoch aus einer

Zeit, als auch in Japan der Flirt zwischen einem Mönch und einer Frau noch undenkbar war, von Sex gar nicht zu reden. Das Kokettieren des jungen Mädchens verfängt beim Einsiedler nicht. Dazu muss er sich noch nicht einmal bezwingen, weil er seine Begierden längst losgelassen hat. Dieser Teil der Geschichte lässt sich leicht verstehen. Was aber bewegt die Frau dazu, am Ende ihre eigene Hütte anzuzünden?

Ein Schüler, dem dieses *Kōan* von seinem Meister als Aufgabe gestellt wird, muss sich intensiv in die beteiligten Personen hineinversetzen. Ich werde die Lösung selbstverständlich nicht verraten. Nur so viel: Sex ist nicht die Antwort. Um die wahre Antwort geben zu können, muss der Schüler verstehen, dass es nicht nur um das Problem des Einsiedlers geht. Er muss lernen, auch mit den Augen der Frau sowie ihrer Enkelin zu sehen. Und genau damit haben nicht nur die Schüler, sondern auch die Meister des Zen mitunter so ihre gehörigen Probleme.

In einem 2015 geführten Interview mit den *Stuttgarter Nachrichten* antwortete ein deutscher Zenmeister auf die Frage, was ihn aus der Ruhe bringe, freimütig: »Eine Frau, die mit mir flirtet.« Er liebe die Frauen nun einmal, führte er weiter aus, und er könne daran auch nichts Schlechtes entdecken. Schließlich sei er zwar Buddhist, aber noch lange kein Langweiler.

Wie ihm dürfte es vielen gehen. Auch ich spüre immer wieder die Anziehungskraft, die Frauen auf mich ausüben, und ich bin mir dessen bewusst, dass es mir heute leichterfallen würde, entsprechende Kontakte zu knüpfen, als in meinen von Schüchternheit geprägten Zwanzigern. Doch diese Einsicht und auch meine grundsätzliche Offenheit gegenüber anderen Menschen lassen mich nicht die Verantwortung vergessen, die ich für meine Schüler und für mich selbst trage.

Nach Antaiji kommen viele Menschen auf der Suche nach Hilfe. Sie leiden am Leben und hoffen, dass der Aufenthalt im Kloster ihnen einen Weg aus dem Leiden zeigt. Andere dagegen wollen durch ihre Praxis nicht nur sich selbst, sondern auch anderen helfen. Und dann gibt es auch bei uns diejenigen, die sich ganz und gar dem Meister überantworten wollen, weil sie in ihm das Idealbild eines Vaters zu erkennen meinen. Schon oft kam es vor, dass mir einer der Klosterbewohner bei einem Gespräch unter vier Augen erklärte: »Ich wünschte, ich hätte einen Vater wie dich gehabt.«

Frauen haben mir schon gesagt, ich würde sie an ihre erste große Liebe erinnern. Sogar Menschen, die mich nur aus dem Fernsehen kennen, schicken mir ihre Tagebücher, in denen sie bekennen, dass sie in mir endlich den Menschen gefunden hätten, der ihnen das Gefühl gäbe, ganz und gar verstanden und angenommen zu werden. Mehrmals pro Monat kommen Liebesbriefe im Kloster an, lang und überaus intim, nebst beigelegten selbst gebackenen Keksen: »Mein Engel, keine Worte drücken die Liebe aus, die ich für Dich empfinde!« Das schreibt mir eine Frau, die ich noch nie gesehen habe. Was soll ich ihr bloß antworten? Ich sollte diese Frage meinen Schülern vorlegen – als modernes *Kōan*. Sie würden sich die Zähne daran ausbeißen.

Jonas war einer der ersten Deutschen, die bei mir im Kloster zum Mönch ordinierten. Ursprünglich hatte er in Berlin bei einem Meister praktiziert, den ich kannte, da ich Ende 1987 selbst einmal Teilnehmer an einer von ihm geleiteten Meditation gewesen war. Damals war mir die große Anzahl von sogenannten »Warnstöcken« aufgefallen, die, signiert vom Meister höchstpersönlich, wie Trophäen an der Wand hingen. Traditionell erhalten Schüler mit diesen Stöcken einen Schlag auf die Schulter, der Verkrampfungen lockern oder Müdigkeit vertreiben soll. Die ganze Veranstaltung erschien mir seltsam. Ich kam mir vor wie in einem buddhistisch angehauchten SM-Klub und verzichtete darauf, ein zweites Mal hinzugehen. Jonas war während der Neunzigerjahre zu der Gruppe gestoßen. In der ersten Zeit hatte er geglaubt, eine tolle Gemeinschaft und eine sehr intensive Zen-Praxis gefunden zu haben, die, so hoffte er, ihm bei der Bewältigung seiner Lebensprobleme helfen würde. Dass er sich getäuscht hatte, wurde ihm klar, als er sich in eine der älteren Schülerinnen verliebte.

Der Meister kümmerte sich nämlich nicht nur um die buddhistische Lehre, sondern verdingte sich auch als fürsorglicher Therapeut seiner Schülerinnen. Keiner sprach darüber, aber fast alle ahnten, worum es bei diesen »Privatsitzungen« ging. Der Meister erklärte die sexuelle Befreiung zur Voraussetzung für die Loslösung vom Ich. Treue geißelte er als ein von der christlichen Religion durchgesetztes und damit repressives Konstrukt. Wer die Zen-Praxis ernst nehme, müsse sich von allen Zwängen frei machen. Während der »Therapie« machte der Meister keinen Hehl daraus, worauf es ihm wirklich ankam: »Dein Thema ist die Hingabe, das Sich-Öffnen. Fang doch am besten gleich damit an!«

Jonas hielt es nicht für problematisch, dass er sich in eine Mit-Praktizierende verliebt hatte. Doch er musste erfahren, dass der (im Übrigen verheiratete) Meister das anders sah. Ganz anders. Der Meister duldete keine Konkurrenz im eigenen Revier. Sexuelle Freiheit bedeutete in dieser Gruppe nur die Freiheit des Meisters selbst. Da nahm er es mit der Treue dann doch wieder genau. Seine Schülerinnen betrachtete er als seinen Besitz. Wehe, ein anderer kam ihm ins Gehege.

Was viele sexuelle Übergriffe eint, ist die diffuse Zone schmieriger Heimlichtuerei, in der sie stattfinden. So auch in diesem Fall. Freie Liebe offen zu praktizieren, wie in den Hippie-Gemeinschaften der Sechzigerjahre, das traute sich der Meister nicht. Er achtete peinlich genau darauf, dass alles hinter verschlossenen Türen passierte. Offiziell ging es ja auch gar nicht um Sex, sondern um das Diskutieren von *Kōans* oder um das Abstreifen der Fesseln des Egos. Die jeweils beteiligten Schülerinnen wurden zu strengem Stillschweigen über den Ablauf der Sitzungen verpflichtet, denn dabei, so die perfide Begründung, handle es sich um geheime Praktiken, die alle »Uneingeweihten« nur in Verwirrung stürzen würden. Das funktionierte zumindest so gut, dass einige der Frauen glaubten, vom Meister als seine einzige und wahre Geliebte auserwählt worden zu sein. In Wirklichkeit hatte der aber ein fast perfektes System des Missbrauchs von Abhängigen errichtet, mit dessen

Funktionieren er sich selbst seine eigene Großartigkeit und Allmächtigkeit immer wieder aufs Neue bestätigen konnte.

Ähnliche Skandale sind in vielen buddhistischen Gruppen vorgekommen, manchmal mit Konsequenzen für den Meister, öfter aber ohne. In Deutschland gibt es mittlerweile zumindest einen Blog (blog.buddhistische-sekten.de), der es sich zur Aufgabe gemacht hat, Ahnungslose zu warnen und Missbrauchsopfern Hilfsmöglichkeiten aufzuzeigen.

Viele Menschen, die eigentlich in der Lage sein sollten, selbst für ihr Leben einzustehen, begeben sich viel zu bedenkenlos in die Abhängigkeit eines Meisters. Weil sie zum Gehorsam bereit sind, meinen sie, alle Verantwortung für sich selbst abgegeben zu haben. Doch das ist nicht der Fall. Natürlich existiert ein Machtgefälle zwischen Meister und Schüler, das dem Meister eine besondere Verantwortung auferlegt. Aber wie bereits erwähnt: Der Schüler darf nie vergessen, dass er und kein anderer es ist, der den Meister erst zu *seinem* Meister macht.

Noch existiert keine Instanz, die buddhistischen Meistern die Lizenz entziehen könnte, wenn sie ihre Machtposition gegenüber Schwächeren missbrauchen. Der Schüler muss sich also ganz genau überlegen, von wem er lernen will, wen er sich zum Meister wählt. Aber von welchen Kriterien soll er sich bei seiner Wahl leiten lassen? Dōgen erklärt dazu: »Ein wahrer Meister ist einer, der, unabhängig von Alter oder Laufbahn, der wahren Lehre auf den Grund gegangen ist und darin die Bestätigung eines anderen wahren Meisters erlangt hat. Mit persönlichen Ansichten gibt er sich nicht ab, bei Gefühlen bleibt er nicht stehen, und sein Tun stimmt mit seinem Verständnis überein.«

Zu ergänzen wäre vielleicht, dass ein wahrer Meister gar kein gesteigertes Bedürfnis hegt, sich auch selbst so zu titulieren. Darüber hinaus wird er sich nur selten in teuren japanischen Roben ablichten lassen, sich auf Überwältigung des Betrachters abzielende Kalligrafien ins Wohnzimmer hängen oder auf die große Anzahl seiner treuen Facebook-Freunde und Twitter-Follower verweisen. Ein wahrer Meister geht seinen Weg und wartet darauf, von seinen Schülern gefunden zu werden. Er lebt, was er lehrt. Und er muss selbst einmal in die Lehre bei einem anderen wahren Meister gegangen sein, um zu wissen, was es heißt, Schüler zu sein und zu lernen.

Als mein Meister verstarb, war ich dreiunddreißig. Zwei Jahre zuvor hatte er mir die Dharma-Nachfolge übertragen. Damit war ich selbst autorisierter Meister. Dennoch brauchte ich noch immer einen Punkt, an dem ich mich und meine Praxis orientieren konnte, denn die Aufgabe, die mir übertragen wurde, war gewaltig – ich sollte künftig Antaiji als Abt vorstehen. Der Abt wirkt wie ein Spiegel für die Mönche in seinem Kloster, aber wer dient ihm als Spiegel, in dem er sich erkennen kann? Nach dem bisher Gesagten liegt die Antwort auf der Hand: Jeder einzelne meiner Schüler ist ein Meister für mich, und auch meine Frau und Kinder sind alles andere als schüchtern, wenn es darum geht, mir den Spiegel vorzuhalten und mich auf meine Fehler hinzuweisen. Sie alle sind mein Korrektiv, das mir die Kraft gibt, mit meinen Schülern gemeinsam zu wachsen.

Jesus war ein Meister, der viel von seiner Gefolgschaft verlangte: »Denn wer sein Leben erhalten will, der wird es verlieren; wer aber sein Leben verliert um meinetwillen, der wird's erhalten«, heißt es im Lukasevangelium. Jesus spricht hier von der Befreiung des Menschen im Glauben. Schriftgelehrte haben die Paradoxien dieser Passage mit der Entgegensetzung Diesseits – Jenseits aufgelöst: Wer bereit sei, sein diesseitiges Leben für Jesus zu opfern, werde dafür mit dem ewigen Leben belohnt werden. Wer dagegen Jesus die Nachfolge verweigere, weil er an seinem diesseitigen Leben hänge, werde dadurch das ewige Leben im Jenseits verlieren.

Als Zen-Buddhist glaube ich allerdings nicht an diese Entgegensetzung. Die Überzeugung, dass man das Leben nur durch Loslassen gewinnt, ist keineswegs an den Glauben an ein Jenseits gebunden. Jeder, der das Loslassen am besten schon heute, in diesem Moment, praktiziert, wird sich selbst davon überzeugen können. Es gibt ein *Kōan*, mit dessen Hilfe der Meister versucht, den Schüler an den Punkt zu führen, an dem er keine andere Wahl hat, als loszulassen: »Du stehst an der Spitze eines Mastes, der dreißig Meter hoch ist. Mach einen Schritt weiter!«

Dieser Schritt würde den Schüler sein Leben kosten. Natürlich will kein Meister seinen Schüler tot sehen. In unserem Kloster arbeiten wir auch auf dem Dach oder besteigen Bäume, und es käme mir nie in den Sinn, meinen Schülern zu sagen, sie sollten sich einfach fallen lassen, wenn es rutschig wird. Im Gegenteil, ich versichere mich bei jedem Einzelnen von ihnen im Voraus, dass er nicht unter Höhenangst leidet. Erfahrungsgemäß melden sich ohnehin fast nur die ganz Unerschrockenen, die den Einsatz auf dem Dach zur ungestörten Aussicht auf die Berge nutzen wollen. Aber auch denen sage ich: »Gefährlich ist es immer dann, wenn ihr glaubt, dass es ungefährlich ist.« Unfälle passieren in Antaiji in den allermeisten Fällen aufgrund von Leichtsinn. Noch nie kam es vor, dass jemand bei einer Arbeit verunglückt ist, über deren Gefährlichkeit er sich vollkommen im Klaren war.

Warum verlangt der Meister im *Kōan* also von seinem Schüler, er solle von der Spitze des Masts aus einen Schritt ins Bodenlose tun? Das Ausgesetztsein in der Höhe steht symbolisch für alle Situationen in unserem Leben, die unser Ich bedrohen und in denen wir glauben, an unsere Grenzen zu stoßen. »Ich habe alles getan, was ich vermochte. Mehr schaffe ich nicht!« Das kann bei der Arbeit sein, im Familienalltag oder in einer Beziehung.

Nichts geht mehr. Was tun? Der Meister im *Kōan* sagt es uns: einen Schritt nach vorn gehen. In dem Augenblick, in dem man loslässt, wird alles ganz einfach. Die Probleme verschwinden zwar nicht, aber sie verlieren ihren Schrecken. Man spürt, dass auch sie Teil des Lebens sind.

Die Krux dabei ist, dass das Loslassen passieren muss. Man kann es nicht »machen« oder es sich vornehmen. Wer sich denkt: »Ich muss loslassen, verflucht, ich muss endlich loslassen!«, der wird nie loslassen. Wer versucht, das Loslassen bewusst herbeizuführen oder es gar zu erzwingen, macht falsch, was er nur falsch machen kann. Versuche ich loszulassen, dann ist es schon kein Loslassen mehr. Erst wenn ich selbst das Loslassen noch loslasse, wird es mir gelingen.

So wie der Weg eines Vogels am Himmel

Das ist mein Gebot, dass ihr einander liebt,
wie ich euch liebe.
Niemand hat größere Liebe als die,
dass er sein Leben lässt für seine Freunde.

Joh 15, 12–13

Am Ende der vier griechischen Bezeichnungen für die Liebe steht *Agape*, womit die religiöse Liebe gemeint ist. *Agape* bedeutet selbstlose Liebe. Sie verschenkt sich an alles und jeden, ohne je nach dem eigenen Nutzen zu fragen. Sie kann auf Gott gerichtet sein oder von Gott kommen, sie kann sich aber auch ganz auf den Mitmenschen konzentrieren.

Weil diese Form der Liebe als edel und absolut rein gilt, erscheint sie uns Normalsterblichen im Grunde unerreichbar. Bleibt *Agape* damit ausschließlich so besonderen Menschen wie Jesus und Buddha vorenthalten? Nein, ich hoffe, zeigen zu können, dass es für jedermann Wege gibt, selbstlose Liebe auch in seinem Alltag zu praktizieren.

Von selbstloser Liebe sprechen sowohl das Christentum als auch der Buddhismus. Hier gibt es das Gebot der Gottes- und Nächstenliebe, dort das Mitgefühl und den Gleichmut. Es wäre Unsinn, nun einen *Agape*-Wettbewerb zu veranstalten, an dessen Ende eine der beiden Religionen zur Siegerin in Sachen Liebe gekürt würde. Liebe bedeutet doch, sich gerade nicht mit dem anderen zu vergleichen und in Konkurrenz zu ihm zu treten, sondern ihm auf Augenhöhe zu begegnen.

»In eurer Liebe sei eure Ehre!«, schreibt Friedrich Nietzsche in *Also sprach Zarathustra*. Und weiter: »Aber dies sei eure Ehre, immer mehr zu lieben, als ihr geliebt werdet, und nie die Zweiten zu sein.« Eigentlich ein sehr schönes Motto – zu versuchen, mehr Liebe zu geben, als zu empfangen. Liebe muss ein Geschenk sein, das aus nichts als Liebe besteht. Der Liebende gibt sich selbst ganz und erwartet nichts dafür.

Zitiert man Nietzsches Worte jedoch nicht isoliert, wie ich es gerade getan habe, sondern verweist auf den sie umgebenden, ihre Bedeutung mitprägenden Kontext im *Zarathustra*-Buch, ergibt sich ein ganz anderes Bild. Dann wird aus einer überaus sinnvollen Lebensmaxime ein zweifelhafter, nur an die Frauen gerichteter Ratschlag. Wie Spielzeuge sollen die Frauen sein, sagt Zarathustra, dazu da, die vom Krieg erschöpften Männer zu pflegen und zu umsorgen. Erfüllung sollen sie finden im absoluten Gehorsam und in ihrer Liebe stets die Freigiebigsten sein.

Die Vorzüge der Nächstenliebe zu preisen, fällt nicht schwer, und auch Liebe vom anderen zu verlangen, kostet keine große Anstrengung. Der Satz »Geben ist seliger denn Nehmen« geht so überaus leicht von den Lippen, wenn man sich nicht an seinen Taten messen lassen muss. Von Nächstenliebe reden? Immer doch, gerne! Nächstenliebe praktizieren? Hm, eher schwierig.

Selbst wenn ich Nietzsches Worte einfach als Handlungsmaxime begreife, die auch mich persönlich etwas angeht; wenn ich es mir zu Herzen nehme, immer mehr Liebe zu geben, als ich je von anderen empfangen werde, stehe ich doch wieder vor dem Elend des Messens und Vergleichens, das sich mit echter Liebe nicht verträgt. Auch ein Wettbewerb, in den ich hineingehe, um ihn zu »verlieren«, weil die anderen »gewinnen« sollen, bleibt ein Wettbewerb.

Als ich mich als Kind mit meinen beiden kleinen Schwestern erbittert um das größte Stück Kuchen auf dem Teller stritt, sagte mein Vater zu mir: »Weißt du, es gibt drei verschiedene Arten zu teilen: brüderliches Teilen, christliches Teilen und gerechtes Teilen. Unter Geschwistern will jeder immer das meiste für sich. Ein Christ würde zugunsten der anderen verzichten. Ich erwarte nicht von dir, dass du dich aufopferst. Aber als der Älteste solltest du wenigstens lernen, gerecht zu sein!«

Das »wenigstens« im Satz meines Vaters zeigte, wie er die Prioritäten setzte. Gerechtigkeit war schon wichtig, aber eigentlich kam es ihm auf die Liebe an. Nur wusste er genau, wie viel die Liebe, von der in der Religion die Rede ist, vom Einzelnen verlangt – viel mehr als die Gerechtigkeit.

Wem gelingt es wirklich, von sich selbst abzusehen? Jeder nimmt es beim anderen ganz genau, lässt sich selbst gegenüber aber Milde walten. »Ich liebe dich mehr, als du mich liebst! Ich investiere viel mehr in die Beziehung als du!« Du oder ich, Christentum oder Buddhismus, wer bietet mehr Liebe? Als ob es darauf ankäme! Nie kommt die Waage der Liebe wirklich ins Gleichgewicht. Wer alles ausbalancieren will, fällt als Erster. Stattdessen sollte er sich fragen: Wie kann ich *alles* geben? Und auch: Wie kann ich alles von *mir* geben? Das sind die Fragen der Liebe. Sie kümmern sich nicht darum, wie viel der andere in die Waagschale zu werfen bereit ist.

Bevor ich nun im Detail untersuche, was Christentum und Buddhismus zur Liebe zu sagen haben, was sie in diesem Punkt verbindet und worin sie sich unterscheiden, möchte ich kurz einige allgemeine Erklärungen zum Buddhismus vorausschicken.

Ähnlich wie im Christentum gibt es auch im Buddhismus verschiedene Schulrichtungen. Was aber die Praktizierenden praktisch aller buddhistischen Schulen verbindet, ist das Ziel, zum Buddha zu werden. Denn nur der, der selbst zum Buddha wird, ist vom Leiden befreit und damit erlöst. Anders im Christentum. Ein gläubiger Christ mag zwar versuchen, Jesus nachzufolgen. Aber er wird nicht zu Gott werden wollen. Er weiß, dass er nur durch das Wirken Gottes erlöst werden kann.

In einer Passage der buddhistischen Schriften kommt diese Haltung besonders deutlich zum Ausdruck. Wenige Wochen vor seinem Tod zieht Shakyamuni, der vor 2500 Jahren zum Buddha wurde, im Beisein seines Lieblingsschülers Ananda Bilanz. Hat er in den vier Jahrzehnten seiner Lehrtätigkeit irgendetwas Wichtiges ausgelassen? Ananda schüttelt den Kopf. »Hast du Zweifel an der Richtigkeit meiner Lehre?«, fragt Shakyamuni weiter. Auch das wird von Ananda verneint. Er könne seinem Meister versichern, dass er selbst, aber auch seine Mönchsbrüder genau wüssten, wie diese Lehre in die Praxis umzusetzen sei: durch Meditation und das Befolgen der Mönchsregeln. Dann spricht Shakyamuni vom Sterben. Nach seinem Ableben sollten sich die Schüler keine Sorgen machen. Sie müssten einfach nur mit ihrer Praxis fortfahren, dann würden sie die Erlösung finden.

Auch Ananda muss klar gewesen sein, dass sein Meister nicht ewig leben würde. Als ihm Shakyamuni jedoch kurze Zeit später verrät, dass sein Tod kurz bevorstehe, stürzt das Ananda in tiefe Verzweiflung, und er fleht seinen Meister an, noch nicht zu sterben. Shakyamuni ist überrascht. Hat ausgerechnet sein Lieblingsschüler nicht verstanden, dass man nicht durch den Meister, sondern nur durch die eigene Praxis zum Buddha wird? Woraufhin Shakyamuni die berühmten Worte spricht: »Sei dir selbst eine Insel, sei dein eigenes Licht. Nimm Zuflucht zu dir selbst, nimm keine Zuflucht zu etwas anderem!«

Jesus hingegen sagt: »Ich bin der Weg und die Wahrheit und das Leben; niemand kommt zum Vater denn durch mich.« Selbst der Jünger, der sich an Jesus in Wort und Tat orientiert, erreicht die Erlösung nicht durch eigene, sondern allein durch Jesu Kraft. Insofern leuchtet es ein, dass im Christentum die Gottesliebe an erster Stelle steht, denn nur durch sie kommt ein Gläubiger in den Himmel. Im Gegensatz dazu rät der Buddha ausdrücklich dazu, Zuflucht nur zu sich selbst zu nehmen. Nicht zu den Eltern, nicht zu der Frau oder zum Kind, und auch nicht zum historischen Buddha, zu einer Gottheit oder sonst einer höheren Macht.

Für einen Buddhisten stellen sich nun zwei Fragen. Zum einen: Was macht das »Selbst« aus, zu dem man Zuflucht nehmen soll? Ein entscheidender Punkt der buddhistischen Lehre besteht ja in der Vergänglichkeit aller Dinge. Daraus folgt, dass das »Ich«, um das sich das Leben der gewöhnlichen Menschen dreht, nur eine Illusion ist. Wer an sie glaubt, bleibt sein Leben lang in Ignoranz befangen. Wenn es aber kein »Ich« gibt, wie kann man dann zu ihm Zuflucht nehmen?

Und die zweite Frage: Kann jemand, der ausschließlich Zuflucht zu sich selbst nimmt, Liebe geben und Liebe erfahren? Ein Christ liebt Gott, weil er sich in seiner Abhängigkeit von ihm erkennt, und er liebt seinen Nächsten, weil dieser ebenso abhängig ist von Gott wie er selbst. Doch ist auch ein Buddhist, der sich scheinbar von allem lossagt, sogar vom eigenen Ich, zur Liebe fähig?

Mithilfe des *Metta-Sutta* lässt sich dieser Verdacht der Liebesunfähigkeit entkräften. In der alten Schrift heißt es:

Gleich einer Mutter, die ihr Kind – ihr einziges! –
mit ihrem Leben beschützt,
solltest auch du dich aller Wesen annehmen,
mit einem Geist, der keine Schranken kennt.
Den letzten Winkel der Welt soll deine Güte erreichen,
nach oben, nach unten, in jede Richtung unbegrenzt.
Lasse deinen Geist sich ausbreiten,
Frei von Hass und jedem Argwohn.

Das Wort *Metta*, das der Schrift ihren Namen gibt, stammt aus der Pali-Sprache und kann als Güte, Mitgefühl oder Liebe übersetzt werden. Mittlerweile kennt man auch im Westen die sogenannte *Metta*-Meditation, und sie erfreut sich wachsender Beliebtheit. Sie hat die Kultivierung liebevoller Güte im Sinne des *Metta-Sutta* zum Ziel. Während der Meditation wiederholt man im Stillen zunächst immer wieder Sätze wie diesen:

Möge ich frei vom Leiden sein, möge mein Körper gesund und sicher sein, möge mein Geist friedlich und in Harmonie mit allem sein, möge ich glücklich sein.

Zunächst richtet der Meditierende also seine Liebe nur auf sich selbst, denn er wünscht sich, glücklich und zufrieden zu sein. Welch Unterschied zu der Haltung, von der Jesus in der Bergpredigt spricht! Dort ist, wie allseits bekannt, vom Lieben der Feinde und dem Hinhalten der anderen Wange die Rede. Allerdings markiert auch bei der *Metta*-Meditation die Selbstliebe nur den ersten Schritt. Im zweiten wünscht sich der Meditierende Gutes für seine Familie und andere ihm nahestehende Menschen. Nach und nach dehnt er den Kreis der Adressaten seiner Güte immer weiter aus, sodass er bald die ganze Menschheit in seine Wünsche mit einbezieht.

Später wird speziell derjenigen gedacht, die einem Leid zugefügt haben oder mit denen man sonst auf Kriegsfuß steht, ehe die Mediation ausklingt mit einem alles Leben auf der Erde einschließenden Wunsch:

Mögen auch meine Feinde frei vom Leiden sein, mögen sie gesund und sicher sein, mögen sie glücklich sein. Mögen alle Wesen frei vom Leiden sein, mögen sie gesund und sicher sein, möge ihr Geist friedlich und in Harmonie mit allem sein, mögen alle Wesen der Welt glücklich sein.

Im Vergleich zum christlichen Liebesgebot, das unvermittelt mit der Feindesliebe einsetzt, macht es die *Metta*-Methode dem Gläubigen ein wenig einfacher, nimmt sie ihn doch mehr an die Hand. Er lernt, zunächst ein positives Verhältnis zu sich selbst zu entwickeln, ehe er Schritt für Schritt den Radius seiner Güte erweitert.

Wer diese Meditation einmal ausprobiert, wird schnell ihre Auswirkungen auf den Geist bemerken. Das hat mit der Lehre von den drei Grundübeln im Buddhismus zu tun: Gier, Hass und Ignoranz. Im täglichen Leben sind wir meist nur darum besorgt, möglichst viel für uns selbst herauszuholen. Das Mantra des Egoismus lautet: »Ich will, ich will, ich will.« Das Grundübel der Gier wurzelt in Ignoranz, in der Unfähigkeit, von sich selbst abzusehen.

Wenn wir dann aber nicht das erhalten, was wir haben wollen, oder immer genau das zu erhalten scheinen, was wir *nicht* haben wollen, kommen wir in den Zustand, der im Buddhismus als Leiden bezeichnet wird: Unzufriedenheit mit dem, was man ist und was man bekommt. Mit Neid blicken wir auf die anderen, die in unseren Augen das bessere Los gezogen haben; aus dem Neid wird Eifersucht und schließlich Hass, der im Buddhismus neben Ignoranz und Gier als drittes Grundübel gilt.

Die Geisteshaltung, die man durch die *Metta*-Meditation einübt, könnte man als Gegengift bezeichnen: gegen die Gier und den Hass, die aus einem Leben in Ignoranz fast zwangsläufig resultieren. Auf diese Weise kommt man der Befreiung vom Leiden näher.

Allerdings wird man sich die Frage gefallen lassen müssen, ob der gütige Geist, den man während der Meditation kultiviert, auch wie gewünscht alle anderen Wesen erreicht. Tut nur der Meditierende etwas für sein Seelenheil, oder hat auch der Rest der Welt etwas davon, der vom frommen, ihm geltenden Wunsch ja überhaupt nichts weiß? Handelt es sich bei der Meditation womöglich nur um ein geschicktes Manöver, mit dem einer rein egoistischen Sorge der Tarnmantel der Nächstenliebe übergeworfen wird? Sind die anderen also nur Mittel zum (eigenen) Zweck?

So böse dieser Vorwurf auch klingen mag, kann ich ihm doch eine gewisse Berechtigung nicht absprechen. Wenn die Meditation dem Buddhisten einen friedlichen Geist schenkt, sich aber in der täglichen Praxis nicht niederschlägt und so bei den Mitmenschen gar nicht ankommt, handelt es sich dabei nur um, man verzeihe mir den Ausdruck, geistige Selbstbefriedigung.

Aber dabei muss es nicht bleiben. Obwohl der Ausgangspunkt des Buddhismus dem des Christentums diametral entgegengesetzt zu sein scheint, zielt er am Ende doch auf eine Praxis, die dem Ideal, von dem Jesus in der Bergpredigt spricht, verblüffend nahekommt: den im Handeln immer wieder neu beglaubigten Ausdruck liebender Güte.

Daher lohnt sich zunächst ein Blick auf die Liebesauffassung, wie sie vom Christentum gelehrt wird, ehe ich versuche, eine Antwort auf die beiden oben gestellten Fragen zu geben: Was ist das »Selbst«, zu dem der Buddhist Zuflucht nehmen soll? Und, noch wichtiger: Ist Liebe im Buddhismus wirklich möglich?

Liebe Gott von ganzem Herzen und deinen Nächsten wie dich selbst – müsste ich das Christentum mit nur einem Satz zusammenfassen, käme mir wohl diese Maxime in den Sinn. Sie handelt von *Agape*, der selbstlosen Liebe, die sich auf den Schöpfer richtet und dann auf den Mitmenschen. Liebe, in der der Liebende alles von sich gibt, ohne etwas zurückzufordern.

Selbst wenn die Kraft seines Glaubens Berge versetzen könnte, ohne die Liebe wäre er nichts, erklärt Paulus an einer berühmten Stelle des Korintherbriefs. Ohne die Liebe könne er mit Engelszungen reden und wäre dennoch nicht mehr als eine lärmende Pauke. Wenn er seinen ganzen Besitz und seinen Leib noch dazugäbe, bliebe ohne Liebe das Geschenk doch sinnlos und leer. Paulus erklärt das Wesen von *Agape* mit einfachen, aber dadurch umso eindrücklicheren Worten:

Die Liebe ist langmütig und freundlich, die Liebe eifert nicht, die Liebe treibt nicht Mutwillen, sie bläht sich nicht auf, sie verhält sich nicht ungehörig, sie sucht nicht das Ihre, sie lässt sich nicht erbittern, sie rechnet das Böse nicht zu, sie freut sich nicht über die Ungerechtigkeit, sie freut sich aber an der Wahrheit; sie erträgt alles, sie glaubt alles, sie hofft alles, sie duldet alles. Die Liebe höret nimmer auf, wo doch das prophetische Reden aufhören wird und das Zungenreden aufhören wird und die Erkenntnis aufhören wird.

Viele werden dieses Hohelied der Liebe schon einmal in der Kirche oder im Religionsunterricht gehört haben. Obwohl ein Christ laut dem kirchlichen Dogma durch den Glauben allein gerechtfertigt wird, legt sich Paulus am Ende doch auf die Liebe fest:

Nun aber bleiben Glaube, Hoffnung, Liebe, diese drei; aber die Liebe ist die Größte unter ihnen.

Auch ein Mensch, der keinen Zugang zu Gott findet, kann versuchen, das christliche Gebot der Nächstenliebe im Alltag zu beherzigen. Ein trotz allem vom Kommunismus überzeugter Klassenkämpfer etwa, der sich für die Gleichheit der Menschen und die unbedingte Solidarität unter ihnen einsetzt. Ein gläubiger Christ richtet seinen Blick aber natürlich nicht nur auf den Mitmenschen, sondern, wie es das erste Gebot von ihm verlangt, auch nach oben, auf Gott. Haben für ihn beide Gebote dieselbe Wichtigkeit? Jesus selbst erklärt ausdrücklich, beide Gebote seien gleich, und doch scheint er eine Rangfolge zu errichten, denn er spricht vom »ersten« und einem »anderen«, beziehungsweise »zweiten« Gebot. Während man sich Gott ganz schenken solle, sein Herz, seine Seele, sein Gemüt, genüge es, seinen Nächsten so zu lieben wie sich selbst.

Mir gefällt die Stelle im Lukasevangelium, an der von der Auseinandersetzung zwischen Jesus und einem Gesetzeslehrer berichtet wird. »Meister, was muss ich tun, dass ich das ewige Leben ererbe?«, fragt der Lehrer. Doch Jesus weist die Herausforderung, sich festzulegen, ab. Er fragt einfach zurück: »Was liest du?« Und als der Gesetzeslehrer dann mit dem Gebot der Gottesliebe antwortet und mit dem der Nächstenliebe auch, erwidert Jesus: »Tu das, so wirst du leben.«

Ist es nicht bewundernswert, wie Jesus hier den Fragenden an sich selbst zurückverweist, anstatt sich hinter der Autorität der Schrift zu verstecken? Beinahe reagiert er wie ein Zenmeister: Deine Worte sind schön und gut, jetzt aber setze sie auch in die Praxis um! Denn Liebe, die nicht gelebt wird, wird zur Lüge.

Wie wir bereits gesehen haben, beginnt die buddhistische Lehre bei der Selbstliebe, aus der sich dann allmählich die Liebe für alle anderen Wesen entwickelt. Das Christentum macht es einem nicht so einfach. Was gilt? Soll ich mich selbst lieben? Oder soll ich mein eigenes Leben hassen, wozu Jesus seine Hörer ja auch auffordert? Ein Misanthrop mit Hang zum Selbsthass, der nur Verachtung für sich und seine Mitmenschen übrighat, kann behaupten, seine Nächsten so zu lieben wie sich selbst, nämlich überhaupt nicht. Was könnte ein Christ einem solchen Menschen antworten?

Vielleicht das: Nur wer Gott von ganzem Herzen liebt, wird auch für die Tatsache dankbar sein können, auf dieser Welt zu leben. Und nur wer dankbar dafür ist, auf der Welt zu sein, kann überhaupt sich selbst und seine Nächsten lieben. Nächstenliebe wird durch die Erfahrung der Liebe Gottes erst möglich.

Jeder Buddhist kennt die Geschichte von König Pasenadi und seiner dritten Frau Mallikā. Der Legende nach befand sich Pasenadi auf der Heimkehr von einer verlorenen Schlacht, als er Mallikā mit ihren Freundinnen im Park spielen sah. Das Mädchen, gerade einmal sechzehn Jahre alt, soll mit ihrer Ausstrahlung das Gemüt des niedergeschlagenen König so aufgeheitert haben, dass er sie auf sein Pferd setzte, nach Hause brachte und noch am selben Tag um ihre Hand anhielt. Zum Verdruss der beiden anderen Gemahlinnen erkor der König die junge Mallikā schon bald nach der Hochzeit zu seiner Lieblingsfrau. Eines Abends, das Paar stand zusammen auf der Dachterrasse des Palasts, geschah es, dass Pasenadi seiner Frau eine Frage stellte: »Meine schöne Mallikā, gibt es irgendwo auf dieser Welt einen Menschen, den du mehr liebst als dich selbst?«

Man kann sich denken, auf welche Antwort der König gehofft hat – eine, die ihm schmeicheln und ihn zum Lächeln bringen würde. Doch Mallikā dachte nicht daran, ihrem Mann Honig um den Bart zu schmieren. Nach einer kurzen Denkpause sagte sie frank und frei: »Nein, niemand fällt mir ein, den ich mehr liebe als mich selbst.«

Dann stellte sie die Frage ihrerseits: »Aber wie ist es denn mit dir, mein König?«

Auch Pasenadi musste eine Weile überlegen, ehe er zugab: »Mir geht es ganz genau wie dir.«

Dabei hätte es der König belassen können. Doch Mallikās Antwort nagte ebenso an ihm wie seine eigene Ehrlichkeit. Warum liebte sie ihn nicht mehr als sich selbst? Und warum konnte er Mallikā nicht mehr lieben als alles andere auf der Welt, sich selbst eingeschlossen? Der König fand keine Ruhe. Schließlich wandte er sich in seiner Not an Shakyamuni, zu dessen wichtigsten Gönnern er gehörte, und erzählte ihm alles. Daraufhin sagte der Buddha: »In der ganzen Welt wirst du keinen finden, der einen anderen mehr liebt als sich selbst. So wie du dich selbst am meisten liebst, so hält es auch der andere. Deshalb sollte einer, der sich selbst liebt, auch einem anderen nicht schaden!«

Vergleicht man sie mit dem christlichen Gebot der Nächstenliebe, klingen die Worte des Buddha sehr zurückhaltend, fast vorsichtig. Während Jesus Liebe verlangt, gebietet der Buddha »nur«, den anderen nicht zu schaden. Er formuliert damit seine Version der in allen Religionen bekannten »Goldenen Regel«, die viele Jahrhunderte später bekanntlich auch für Immanuel Kants kategorischen Imperativ Pate gestanden hat: »Was du nicht willst, dass man dir tu, das füg auch keinem andern zu!«

Die eher defensive Formulierung des Buddha, die sich nicht aufs Tun, sondern nur aufs Unterlassen konzentriert, hat zwar nicht das einprägsame Potenzial christlicher Gebote, dafür aber den Vorteil, weiter auszugreifen. Oben sagte ich: Ohne Gottesliebe keine christliche Nächstenliebe. Aber es steht nun einmal nicht jedem Menschen die Tür zum Glauben an Gott offen. Einem Buddhisten kommt es auf diesen Glauben nicht an. Dass man einem anderen nicht schaden soll, diese Maxime geht auch den an, der keine Beziehung nach ganz oben unterhält. Wer nicht will, dass andere ihm Übel tun, wird instinktiv verstehen, dass er selbst andere ebenfalls besser in Ruhe lässt. Denkt er dann weiter, führt ihn sein Erkennen fast automatisch auf den Weg zu aktiver Liebe, den es auch im Buddhismus gibt.

Dann wird er sich sagen: »Mein ganzes Leben habe ich in der Illusion verbracht, dass mir andere Schaden zufügen wollten, aber worüber beklage ich mich eigentlich? Ich habe doch Luft zum Atmen, Wasser zum Trinken und genug zu essen. Kleider schützen mich vor der Kälte, und sogar ein Dach über dem Kopf fehlt mir nicht! Wenn mir bis heute also kein größeres Leid geschehen ist und ich mich auch sonst über mein Leben nicht beklagen kann – liegt das dann vielleicht daran, dass all die anderen auf mich Rücksicht genommen haben?«

Denke ich an meinen Vater oder an meine so früh verstorbene Mutter, frage ich mich manchmal, was sie für mich noch mehr hätten tun können, und das eine oder andere fällt mir durchaus auch ein. Aber wenn ich mir dann überlege, woran es mir *wirklich* je gemangelt hat, handelt es sich immer nur um Kleinigkeiten im Vergleich zu dem, was ich von meinen Eltern mit auf den Weg bekommen habe: zuerst das Leben natürlich und dann sehr, sehr viel Liebe. Was habe ich ihnen dafür zurückgegeben? Eigentlich nichts.

So verhält es sich nicht nur mit meinen Eltern, sondern mit praktisch allen Wesen, die mir mein Leben auf der Erde erlauben: Menschen, Tiere, Pflanzen, ja selbst Himmelskörper wie die Sonne und der Mond sorgen dafür, dass ich existieren kann. Werde ich dessen gewahr, kann ich gar nicht anders, als dankbar zu sein und mir ein noch viel größeres Ziel zu stecken als den Vorsatz, anderen nicht zu schaden. In dem Moment, in dem ich erkenne, was für ein Glück es ist, heil auf dieser Welt zu sein, keimt in meinem Herzen die Liebe.

Deshalb muss es keineswegs ein Zeichen von Egoismus sein, wenn Mallikā dem König Pasenadi erklärt, niemanden mehr als sich selbst zu lieben. Wahrscheinlich war ihr ganz einfach bewusst, dass sie ihre Fähigkeit zur Selbstliebe ihrem Ehemann zu verdanken hatte. Weil er sie liebte, konnte sie sich auch selbst lieben. Sie wird daher nicht enttäuscht gewesen sein, als ihr Pasenadi seinerseits gestand, sich selbst mehr zu lieben als alle anderen. Mallikā konnte sich sagen: Vielleicht habe ich ja einen Anteil daran, dass er sich selbst so sehr lieben kann. Vielleicht wäre er ohne mich zu einem der bedauernswerten Männer geworden, denen nur noch der Hass in ihrem Leben geblieben ist.

Jetzt aber wirklich: Was bedeutet es, wenn ein Buddhist »zu sich selbst« Zuflucht nehmen, es ihm aber andererseits darum gehen soll, sich von seinem Ich zu lösen? Existiert vielleicht ein Unterschied zwischen »Ich« und »Selbst«? So ist es tatsächlich. Vereinfacht gesagt, gleicht das »Ich« einer Idee oder einer Vorstellung, die wir durch unser In-der-Welt-Sein erst erzeugen. Von einem »Selbst« lässt sich dagegen eigentlich gar nicht sprechen, bildet es doch keinen Bestandteil unserer Welt. Der Ort, an dem wir Zuflucht suchen sollen, ist damit nicht klar definierbar. Er ist alles und nichts; er ist die ganze Wirklichkeit in einem bestimmten, in *diesem* Augenblick. Wer zu sich selbst Zuflucht nimmt, nimmt Zuflucht zur ganzen Welt. Er trennt sich nicht von ihr, sondern nimmt alle Wesen als Teil seiner selbst an.

Dadurch beantwortet sich auch die zweite Frage. Nicht nur *kann* es Liebe für einen Buddhisten geben, es *muss* sie sogar geben. Sich selbst als eins mit allen Wesen zu erfahren bedeutet, den Weg zu aktiver Liebe betreten zu haben.

Wir haben von den christlichen Geboten gesprochen, von der Liebe zu Gott und von der Liebe zum Nächsten, noch nicht aber von der Liebe des christlichen Gottes zu seiner Schöpfung. Tatsächlich spricht Jesus nur sehr selten von ihr. Das eindrücklichste Beispiel findet sich daher auch nicht in einer seiner Predigten, sondern in einem konkreten Ereignis: im Tod am Kreuz und in der Auferstehung. Erst indem Gott diese Werke tut, offenbart er der Welt seinen Sohn als Heiland.

Ein weiteres Beispiel für die Liebe Gottes finden wir in der Bekehrung des Paulus. Sie macht aus einem unnachgiebigen Verfolger der christlichen Urgemeinde den einflussreichsten aller Apostel. Paulus, der wie Jesus und seine Jünger ursprünglich Jude ist und den Namen Saulus trägt, verfügt im Gegensatz zu vielen der ersten Christen auch über das römische Bürgerrecht, zudem spricht er fließend Griechisch. Er gehört zur Elite.

Und dann geschieht das Unerwartete. Saulus befindet sich auf dem Weg nach Damaskus, um Mitglieder der christlichen Gemeinde zu verhaften, als er plötzlich von einem strahlenden Licht geblendet wird und zu Boden stürzt. Jemand spricht zu ihm: »Saul, Saul, was verfolgst du mich?« Saulus kann sich die Herkunft der Stimme nicht erklären. Auf sein Fragen erhält er die Antwort: »Ich bin Jesus, den du verfolgst. Steh auf und geh in die Stadt; da wird man dir sagen, was du tun sollst.«

Saulus gehorcht, noch kann er nicht wieder sehen. Drei Tage verbringt er in der Stadt, in der sich die Christen aus Furcht vor ihrem Verfolger versteckt halten. Dann kommt einer der Christen zu ihm und legt ihm die Hände auf. »Wie Schuppen« fällt es ihm da von den Augen. Aus Saulus wird Paulus, der Apostel. Obwohl er Jesus nie von Angesicht zu Angesicht begegnet ist, wird seine Missionstätigkeit die größte Wirkung für die Ausformulierung und Verbreitung des christlichen Glaubens haben.

Auf der Straße nach Damaskus hat Paulus die Liebe Gottes am eigenen Leib gespürt. Mit einem Schlag war sein Leben ein anderes. Ohne die Erfahrung, von Gott geliebt zu werden, hätte es keinen Paulus gegeben. Und ohne ihn heute kein Christentum.

»Gott ist Liebe«, heißt es im Johannesevangelium. Und gleich darauf: »Darin besteht die Liebe: nicht dass wir Gott geliebt haben, sondern dass er uns geliebt hat und gesandt seinen Sohn zur Versöhnung für unsre Sünden.« Aber hat Gott nicht Adam und Eva aus dem Garten Eden verstoßen? Hat er nicht den Turm von Babel zerstört, die Erde unter der Sintflut ertränkt, die Nachkommen Abrahams in die Versklavung geschickt – und trotz all dieser Katastrophen, von denen das Alte Testament berichtet, bedingungslose Liebe gefordert?

Der Johannesbrief, aus dem ich eben zitiert habe, schlägt einen völlig anderen Ton an. Den ersten Lesern muss er wie eine Offenbarung erschienen sein. Jesus ist das Geschenk Gottes. Er ist das Lamm, das geopfert wurde. Er verkörpert nicht nur die Liebe Gottes zu den Menschen, er *ist* diese Liebe. Der Gott des Alten Testaments war ein Gott des Zorns. Der Gott des Neuen Testaments ist ein Gott der Barmherzigkeit.

Die christliche Nächstenliebe imitiert die Liebe Gottes. So wie Gott jeden einzelnen Menschen liebt, soll auch der Mensch nicht mit seiner Liebe sparen. Gott hat Paulus seine Liebe geschenkt, völlig unerwartet. Paulus und mit ihm die ersten Christen fanden Gott als innere Wahrheit und konnten fortan in der Liebe für ihre Mitmenschen Zeugnis von ihm ablegen: »Niemand hat Gott jemals gesehen. Wenn wir uns untereinander lieben, so bleibt Gott in uns, und seine Liebe ist in uns vollkommen.«

Was kann mir Halt und Orientierung geben, wenn ich die Liebe im Alltag leben will? Nach welchen Grundsätzen kann ich mich richten? Viele Christen werden sicher auf die Worte der Bergpredigt verweisen, in der Jesus sowohl zur Nächsten- als auch zur Feindesliebe aufruft. Verlangt einer nach dem Hemd, soll man ihm auch den Mantel geben. Wünscht jemand Begleitung für eine Meile, soll man zwei Meilen mit ihm gehen.

Oft schon ist auf die durchaus verblüffende Ähnlichkeit zwischen diesem christlichen Text und dem buddhistischen *Dhammapada* (deutsch: *Weg der Wahrheit*) hingewiesen worden. Das *Dhammapada* versammelt eine ganze Reihe von Sprüchen, die dem historischen Buddha Shakyamuni zugeschrieben werden. Sie dürften ungefähr fünfhundert Jahre älter als die Evangelien sein.

So kann man in der Bergpredigt lesen:

Sorgt euch nicht um euer tägliches Leben – darum, ob ihr genug zu essen, zu trinken und anzuziehen habt. Besteht das Leben nicht aus mehr als nur aus Essen und Klei-dung? Schaut die Vögel an. Sie müssen weder säen noch ernten noch Vorräte ansammeln, denn euer himmlischer Vater sorgt für sie. Und ihr seid ihm doch viel wichtiger als sie.

Und im *Dhammapada*:

Wer keine Vorräte anlegt, [...] frei von Leidenschaft und mit Zurückhaltung isst, wer sein Gleichgewicht in der Leere gefunden hat, dessen Weg ist unbegrenzt, so wie der Weg eines Vogels am Himmel.

Auch der berühmte Anfang des *Dhammapada* scheint Parallelen zur Bergpredigt aufzuweisen. Hier wie dort geht es um das Gebot, selbst seine Feinde zu lieben:

Hass wird nicht durch Hass, sondern durch Liebe besiegt.

Das ist die im deutschen Sprachraum häufig zitierte Version. Sie geht zurück auf eine von dem Philologen Friedrich Max Müller im neunzehnten Jahrhundert angefertigte Übersetzung. Müller besaß deutsche Wurzeln, lehrte in Oxford und galt zu seiner Zeit als Kapazität auf dem Gebiet der Orientalistik. Es steht zu vermuten, dass er in seiner Übersetzung bewusst die Brücke zum Christentum schlagen und so die Nähe beider Religionen zueinander unterstreichen wollte. Mittlerweile gilt die Übersetzung als ungenau und damit überholt, um nicht zu sagen: als falsch.

Kurzer linguistischer Exkurs in die *Pali*-Sprache, in der das *Dhammapada* verfasst ist. In ihr lautet das Wort für Hass *Vera*. In einem bestimmten Fall, dem sogenannten Instrumentalis, wird es zu *Verena*. Wo Müller »Liebe« übersetzt hat, steht im Original *Averena*, womit das Gegenteil von *Verena* gemeint ist, also nicht etwa »Liebe«, sondern so etwas wie »Nicht-Hass«. Wörtlich übersetzt bekämen wir bei unserem Spruch ungefähr dieses Ergebnis: »Hass wird nicht durch Hass getilgt, sondern durch Nicht-Hass.« Das klingt nicht nur furchtbar unschön, es erschöpft sich auch in einer Tautologie. Als würde man einem Hungrigen mit großer Geste mitteilen, sein Hunger werde nicht etwa durch Nahrungsaufnahme, sondern durch das Sattsein an sich getilgt. Man könnte dem so Angesprochenen seine Wut schwerlich verübeln.

Die verschiedenen Übersetzungsmöglichkeiten des *Dhammapada*-Zitats zeigen, dass sich Christentum und Buddhismus an der Wurzel berühren, aber eben auch unterscheiden. Ein Christ würde immer versuchen, den Hass durch Liebe zu besiegen. Freilich läuft er dabei Gefahr, übers Ziel hinauszuschießen. Auch die Kreuzfahrer glaubten, durch ihre Mission den vermeintlichen Feinden Gottes Gutes zu tun. Im Buddhismus geht man dagegen davon aus, dass der Feind die eigene Ichbezogenheit ist.

Ein Buddhist sucht nach dem Ursprung des Hasses in sich selbst, und er strebt danach, auch die Liebe in sich selbst zu finden. Nur hat man leider noch nie von einem Mönch gehört, der allein durch seine Meditation der

Welt Liebe und Frieden gebracht hätte. Der Rückzug in Gleichmut und »Nicht-Hass« reicht eben nicht aus. Man muss schon etwas aktiver werden, wenn man wirklich für andere da sein will. Zum Glück kennt die Geschichte des Buddhismus auch dafür Beispiele.

Etwa den Mönch Shantideva aus dem achten Jahrhundert. Shantideva lebte im indischen *Nalanda,* dem größten Lehrzentrum der antiken Welt überhaupt. Berühmtheit hat sein Werk *Bodhicharyavatara* erlangt, das, so der deutsche Titel, *Richtlinien für den Bodhisattva* enthält. Ein Bodhisattva verkörpert das Ideal eines praktizierenden Buddhisten, denn er begreift sein Dasein als Dienst am Mitmenschen.

In den Richtlinien Shantidevas geht es darum, der Welt mit Liebe zu begegnen, und dafür genügt es nicht, nur im stillen Kämmerlein zu meditieren. Man muss sich schon nach draußen wagen:

Wer hat genug Leder, um damit die ganze Erde zu bedecken? Möge das Leder meiner Sohlen die Erde bedecken, wohin mich mein Schritt auch führt!

Die meisten seiner Verse hat Shantideva so formuliert, als lege er sich selbst und allen anderen Wesen gegenüber ein Gelübde ab. Er geht dabei sehr weit:

Möge ich allen Kranken der Welt ein Arzt sein, ein Pfleger und die Medizin sein, die sie von ihren Leiden heilt! Möge ich Speis und Trank vom Himmel regnen lassen. Möge ich in der Hungersnot selbst zur Nahrung der Hungrigen werden!

Hier wird der Wunsch des Bodhisattva, Leib und Seele für andere hinzugeben, so deutlich wie in kaum einer anderen buddhistischen Schrift. Die Parallelen zur Bergpredigt sind dabei nicht zu übersehen:

Selig sind, die da geistlich arm sind; denn ihrer ist das Himmelreich.
Selig sind, die da Leid tragen; denn sie sollen getröstet werden.
Selig sind die Sanftmütigen; denn sie werden das Erdreich besitzen.
Selig sind, die da hungert und dürstet nach der Gerechtigkeit; denn sie sollen satt werden. [...]
Selig seid ihr, wenn euch die Menschen um meinetwillen schmähen und verfolgen und allerlei Böses gegen euch reden und dabei lügen.

Es ist dieser Geist, der sich auch in Shantidevas Sätzen wiederfinden lässt:

Heil allen, die sich gegen mich vergehen, die mir Böses antun, mich beschimpfen und mich in den Dreck ziehen: Mögen sie Erleuchtung erlangen!
Möge ich ein Beschützer der Schutzlosen sein, dem Wegsucher ein Führer und Floß, Brücke und Boot für den Wartenden am Fluss!
Möge ich den Ertrinkenden eine Insel sein, ein Licht in der Dunkelheit, ein Bett für die Müden und ein Diener aller, die einen Diener brauchen!

Spätestens jetzt verschwindet jeder Unterschied zwischen der buddhistischen Zuflucht beim Selbst und der christlichen Nächstenliebe. So wie der Christ, der sich als von Gott geliebt erfährt, gar nicht anders kann, als seinen Nächsten zu lieben, liebt der Buddhist alle Wesen in der Welt, denn er erfährt sie als mit sich eins.

Für Shantideva kennt das Selbstopfer keine Grenzen; wobei er seine Hilfe für andere sicher nicht als Opfer betrachtet hätte, weil er zwischen sich und den anderen gar nicht unterschied. Wenn alles teilhat an ein und demselben Ganzen, dann hilft, wer anderen hilft, sowieso immer auch sich selbst:

Obwohl sich meine Arme und Beine unterscheiden, erhalten sie gemeinsam diesen einen Körper. So ist es auch mit mir und allen Wesen – in unserem Freud und Leid streben wir doch nach demselben Glück. [...] Wenn es mir um dasselbe Glück geht wie den anderen, warum unterscheide ich zwischen ihnen und mir und strebe nur nach dem eigenen Segen? [...]

Wenn ich also etwas für die anderen tue, ist das kein Grund, auf mich stolz zu sein. Es ist so, als gäbe ich mir selbst. Welche Belohnung sollte ich dafür bekommen? [...]

Wer anderen eine Zuflucht sein will, sollte »ich« und »die anderen« austauschen. Im selben Augenblick wird er eine geheime Wahrheit verstehen!

Shantideva wird heute besonders im tibetischen Buddhismus verehrt, während er in Japan kaum bekannt ist. Doch zumindest im Werk Dōgens finden sich an Shantideva erinnernde Passagen. Etwa wenn Dōgen davon schreibt, dass es nie um die Erlösung vom eigenen Leid gehen dürfe, sondern ausschließlich um die Erlösung anderer. Dass man geloben solle, nicht selbst ins Nirwana einzugehen, bevor man nicht alle anderen Wesen dorthin geführt hat.

Aber geht das denn? Kann einer, der selbst noch mitten im Leiden steckt, andere von ebendiesem Leiden erlösen? Wie soll er anderen den Weg ins Nirwana weisen können, wenn er es selbst doch noch gar nicht erreicht hat?

Einwände über Einwände. Ihre Widerlegung wird letztlich wohl nur den überzeugen können, dem es schon einmal gelungen ist, ganz loszulassen und das eigene Glück zugunsten dessen der anderen zu vergessen. Denn dann ist er am Ziel angelangt. Der Wunsch, zunächst anderen und dann erst sich selbst zu helfen, ist schon ein Ausdruck von Nirwana. Um es zu erlangen, muss man es ganz und gar vergessen.

Dōgen hat auch einen Text namens *Tenzo-kyōkun* verfasst, zu Deutsch *Anweisungen für den Koch*. Dōgen wollte die Geisteshaltung, mit der ein Koch im Zenkloster die Mahlzeiten für seine Brüder zubereitet, nicht dem Zufall überlassen. Daher schrieb er seine Anweisungen, in denen man unter anderem lesen kann: »Ein Idiot betrachtet sich selbst wie einen anderen. Ein Weiser betrachtet die anderen wie sich selbst.«

Der Idiot lebt in der Welt der Vergleiche: »Bin ich besser als du, oder bist du besser als ich?« Er schielt aufs

Leben der anderen, dabei ist es ihm so fremd und gleichgültig wie sein eigenes. Alles gilt ihm gleich und untereinander austauschbar. Er hat ja keine Ahnung, dass sich Leben nicht vergleichen lässt.

Der Weise hingegen ist sich der Einzigartigkeit jedes Augenblicks bewusst. So einzigartig und unverwechselbar wie sein eigenes Leben ist auch das jedes anderen Wesens. Er wird daher die anderen genauso wichtig nehmen wie sich selbst.

Und der Koch? Auch der soll sich fragen, was er für die anderen im Kloster tun kann, und sich nicht einfach auf sie verlassen. Als Bruno vor zwanzig Jahren nach Antaiji kam, oblag es mir als Ältestem unter den Schülern meines Meisters, ihn in das ABC der Zen-Praxis einzuweisen, zu der auch das so wichtige Kochen für die Gemeinschaft gehört. Zwei Monate lang schaute Bruno dem Koch über die Schulter, dann war es endlich so weit: Bruno sollte für volle fünf Tage allein die Verantwortung in der Küche übernehmen. Ich erinnere mich noch genau an den ersten Tag. Wir hatten Frühling, die Sonne schien schon etwas wärmer als zuvor im Jahr, und ich hatte mir vorgenommen, mit dem Rest der Gemeinschaft die Felder zu pflügen und das Gemüse für den Sommer auszusäen.

Morgens um acht Uhr sah ich Bruno. Er bückte sich am Waldrand nach wilden Kräutern. Sicher für das Mittagessen, dachte ich. Aber als wir zwei Stunden später für eine kleine Pause ins Kloster zurückkehrten, traf ich Bruno nicht *in*, sondern auf der sonnigen Wiese *vor* der Küche an. Er machte in aller Seelenruhe Yoga. Ich sah ihn erstaunt an:

»Bist du sicher, dass du dafür Zeit hast? Das Mittagessen muss um zwölf auf dem Tisch stehen!«

»Mach dir da keine Sorgen. Alle werden genug zu essen haben.«

Bruno schien sich sehr sicher zu sein. Beruhigen konnte er mich trotzdem nicht. Um elf schaute ich noch einmal nach. Meine Ahnung hatte nicht getrogen. Bruno übte noch immer. Jetzt sogar auf dem Kopf! Ich verzichtete auf alle Ermahnungen, denn für den Moment gab es Wichtigeres zu tun. Ich stellte mich an den Herd und schaffte es gerade so, mithilfe der gesammelten Kräuter Nudeln mit *Tempura* zu kochen. Als ich um zwölf die Gemeinschaft zusammenrief, setzte sich auch Bruno mit argloser Miene an den Tisch, so als wäre es das Selbstverständlichste der Welt. Nach dem Essen hob er zum Lob an:

»Wow, das hat wirklich sehr gut geschmeckt!«

Da platzte mir endlich der Kragen. Ich schrie regelrecht:

»Es ist deine Aufgabe gewesen, das Essen zuzubereiten! Noch um zehn Uhr habe ich dich daran erinnert, Feuer im Herd zu machen. Und als ich dir dann die Arbeit abgenommen habe, hast du es noch nicht mal für nötig befunden, mir dabei zu helfen! Was hast du dir nur dabei gedacht?«

»Ich weiß gar nicht, warum du dich so aufregst«, antwortete Bruno und setzte sein schönstes Lächeln auf. Man konnte es als regelrecht beseelt bezeichnen. Er behielt es auch bei, als er weitersprach:

»Es hat doch alles wunderbar geklappt. Um zwölf

stand das Mittagessen auf dem Tisch, und jedem hat es geschmeckt – genau, wie ich es vorausgesagt hatte.«

Für einen Augenblick war ich fassungslos. Dann fragte ich mich, ob Bruno vielleicht die Erleuchtung erlangt hatte. Denn wenn man es genau nahm, war an seinen Worten ja etwas Wahres dran. Machte es wirklich einen Unterschied, ob er oder ich das Essen auf den Tisch gebracht hatte? Waren wir in guter buddhistischer Manier nicht alle eins? Womöglich hatte ich gar keinen Grund, mich zu beklagen, und hätte mich vielmehr sogar darüber *freuen* sollen, die Aufgabe eines anderen übernehmen und an Brunos Stelle in der Küche stehen zu *dürfen*?

Wortklauberei. Ich war wütend. Und ich ließ Bruno sein Verhalten auch nicht durchgehen. Er musste lernen, dass es mit einem Kopfstand in der Sonne nicht getan war. Jeder Einzelne in der Gemeinschaft hatte als Bodhisattva zu leben und damit für alle anderen da zu sein. Das konnte einem keiner abnehmen. Schon Shantideva wusste das:

Alles Glück der Welt entstammt dem Wunsch, anderen zu helfen.
Alles Unglück entstammt dem Wunsch, sich selbst zu helfen. [...]
Um alle Wesen soll es mir gehen. Möge dieser Körper selbst zur Gabe werden, die allen anderen zu Diensten sein möge. [...]
Möge ich von diesem Körper loslassen und ihn allen Wesen zur Verfügung stellen. Obwohl er unvollkommen ist, möge dieser Körper das Werkzeug sein, anderen zu dienen.

Im nächsten Kapitel dieses Buches werde ich zeigen, welche Hilfestellungen uns der Zenmeister Dōgen für die Praxis der Liebe im Alltag gibt. Mit Dōgen soll aber auch schon dieses Kapitel zu Ende gehen. Das folgende kurze Gedicht hat er vermutlich erst kurz vor seinem Tod geschrieben. Es entwaffnet durch seine Einfachheit und den so klar geäußerten Wunsch, allen Widrigkeiten zum Trotz, die das Leben nun einmal bereithält, als Bodhisattva für andere da zu sein:

So fehlbar, wie ich bin
Werd' ich nie zum Buddha werden
Und dennoch, mein Weg soll es sein
Andere aus dem Leid zu befreien

Der Buddhismus, die Liebe
und der Alltag

Es gibt eine Arbeit der Liebe, nicht nur ein Wunder.
Man muss immer im Einsatz sein,
man muss aufpassen,
man muss zusammenkommen, mit sich selbst
und mit dem anderen.

Alain Badiou

Das Gefühl, getragen zu werden

Das Ziel des Buddhismus ist es, einen Weg aufzuzeigen, wie jeder von uns zum Buddha werden kann. Auf
zwei Dinge kommt es dabei an. Erstens auf Selbster-
kenntnis: Wer ist man wirklich? Und zweitens auf eine
Praxis, durch die man sein Leben mit anderen teilen und
in Liebe mit ihnen zusammenleben kann. Zwei Texte

Dōgens scheinen mir Auskunft darüber zu geben, wie man zu dieser Praxis finden kann. Ich möchte sie im Folgenden einer genauen Lektüre unterziehen.

Der erste Text trägt den Titel *Shōji* und ist sehr viel kürzer als die meisten anderen Werke Dōgens. Er bringt das Wesen des Zen auf den Punkt. Die beiden Schriftzeichen, mit denen der Titel geschrieben wird, bedeuten, wenn man sie wörtlich übersetzt, »Leben« und »Sterben«. Ursprünglich strebten viele Buddhisten danach, dem Kreislauf von Leben und Sterben zu entfliehen. Wohin? Ins Nirwana, das als vollkommenes Verlöschen der Existenz verstanden wurde. Leben ist Leiden, meinten die alten Buddhisten, und den Ursprung allen Leidens sahen sie in Abscheu und Gier. Befreit man sich vom Leiden und geht ins Nirwana ein, wäre das also auch die Befreiung von Abscheu und Gier. Doch kann das wirklich klappen? Zeugt nicht gerade der Wunsch nach dem Verlöschen der Existenz erst recht von Abscheu und Gier?

Ist Buddha in Leben-und-Sterben, dann gibt es kein Leben und Sterben.
Ist kein Buddha in Leben-und-Sterben, dann gibt es kein Verirren in Leben und Sterben.

Dies sind die Worte von Männern, die den Weg beschritten haben. Sie sind keinesfalls leichthin dahergesagt. Wer dem Leben und Sterben entfliehen will, sollte keine Zeit verlieren, dem Gesagten auf den Grund zu gehen.

So beginnt Dōgens Text. Kein ganz leicht verständlicher Anfang. Vielleicht hilft es, sich zunächst daran zu erinnern, dass ein Buddha buchstäblich auch nur ein Mensch ist. Ganz anders im Christentum. Dort gibt es eine klare Linie zwischen Gott und dem Menschen, die nie überschritten werden kann. Gott und Mensch treffen sich in Jesus, aber kein Mensch kann wirklich so wie Jesus sein. Genau darum glaubt ein Christ an die Erlösung des Menschen durch die Kreuzigung Jesu. Sich aus eigener Kraft erlösen, das vermag der Mensch nicht.

Buddha hingegen ist kein Gott. Deshalb steht jedem Menschen der Weg offen, selbst zum Buddha zu werden. Als der Inder Shakyamuni zum Buddha wurde, hat er das nicht getan, um dadurch die Menschheit zu erlösen. Vielmehr hat er ein Beispiel gesetzt, dem wir folgen sollen.

Zurück zum Text, in dem ich *Shōji* durch ein Bindestrich-Ungetüm übersetzt habe: »Leben-und-Sterben«. Das hat natürlich einen bestimmten Grund. Gewöhnlich denkt man, dass man jetzt lebt und irgendwann, an einem hoffentlich noch sehr fernen Tag, sterben muss. Eine klare Trennung, die aber trügt. Denn wir sterben bereits heute, an genau diesem Tag. Jetzt. Jeder Tag des Lebens ist auch ein Tag des Sterbens. Leben und Sterben gehören fest zusammen. Man kann sie nicht trennen. Daher die Bindestriche: »Leben-und-Sterben«.

Im ersten Satz fällt Dōgen gleich mit der Tür ins Haus. Kein Leben und Sterben gebe es, behauptet er da, solange Buddha im Leben-und-Sterben sei. Was hat es damit auf sich? Ich denke, es ist gar nicht schwer. Wer einen Ausweg aus dem Leiden sucht, muss das Leben-und-Sterben wie ein Buddha annehmen. Nicht wie der historische Buddha Shakyamuni und auch nicht wie einer der vielen legendären Buddhas, von denen die Sutren berichten. Nein, angesprochen sind wir hier alle. Wenn wir als Buddha leben und als Buddha sterben, sind wir befreit von dem Leiden, das Leben und Sterben mit sich bringen.

Hier lauert natürlich auch eine Gefahr. Ein Christ würde sich nie erlauben zu denken: »Ich bin Gott!« Das wäre schlimmste Blasphemie. Aber selbst ein Christ kann übers Ziel hinausschießen, etwa wenn er sich für einen »rechtgläubigen«, »rechtschaffenen« oder gar »tadellosen« Menschen hält. Denn dieses Urteil steht ihm nicht zu, er muss es Gott und seinen Mitmenschen überlassen. So verhält es sich auch im Buddhismus. Das Ziel muss zwar lauten, als Buddha zu leben. Wer aber glaubt, bereits Buddha zu sein, unterliegt einer Täuschung. Nur wer sich selbst vergisst, kann wirklich Buddha sein.

Alldem scheint Dōgens zweiter Satz zu widersprechen. Jetzt heißt es auf einmal sinngemäß, da dürfe gerade *kein* Buddha im Leben-und-Sterben sein, will man ein Verirren in Leben und Sterben vermeiden. Was denn nun? Gibt es einen Buddha im Leben-und-Sterben, oder gibt es ihn nicht?

Der vermeintliche Widerspruch lässt sich gut auflösen. Buddha kann nur genannt werden, wer Buddha (und damit auch sich selbst) vollkommen vergessen hat. Es hilft, dabei an einen guten Menschen zu denken. Lebt er in dem Bewusstsein, »gut« zu sein, ist er es nicht. Das schließt die Existenz echter Güte natürlich nicht aus, markiert aber den Unterschied zwischen einem wirklich guten Menschen und einem, der Gutes nur tut, um es anschließend an die große Glocke zu hängen. Man muss sich schon des Schattens bewusst sein, der das eigene Innere bedeckt, um auch das Licht sehen zu können. Deshalb deuten beide Sätze Dōgens, so widersprüchlich sie zunächst auch erscheinen mögen, auf dieselbe Wahrheit. Es soll für jeden darum gehen, die Lehre in seinem Leben Realität werden zu lassen, doch nie in dem Bewusstsein, das besser oder richtiger als alle anderen hinzubekommen.

Nach Buddha außerhalb von Leben-und-Sterben zu suchen ist so, als richte man die Lenkstange des Karrens gen Norden, um in den Süden zu fahren. Wer blickt nach Süden, wenn er den Polarstern sehen will? Mehr und mehr verstrickst du dich in das Karma von Leben und Sterben. Dabei verlierst du den Weg der Erlösung ganz aus den Augen.

Wo liegt das Nirwana, von dem im Buddhismus so viel die Rede ist? Eine Antwort haben wir schon kennengelernt. Nach traditioneller Auffassung ist Nirwana das Ende von Leben *und* Sterben. Das endgültige Verlöschen. Dōgen hat da eine andere Meinung. Nach ihm verstrickt sich der, der nach dem Nirwana außerhalb von Leben-und-Sterben sucht, umso tiefer in sein Leiden. Was könnte der Ausweg sein? Gelassenheit in jedem und damit auch genau in *diesem* Moment.

Verstehe, dass Leben-und-Sterben nichts anderes ist als Nirwana. Scheue es nicht als »Leben« und »Sterben«, wünsche es nicht als Nirwana. So löst du dich von Leben und Sterben.

Dōgen fasst es noch einmal zusammen. Die Flucht aus Leben und Sterben kann nicht das Ziel sein. Nirwana ist Leben-und-Sterben. Wer an »Leben« und »Sterben« festhält, verliert alles. Nimmt er hingegen Leben-und-Sterben an, wie es nun einmal ist, wird er befreit. Gelassenheit weist uns den Weg nach Hause, zum Leben-und-Sterben.

Dieses Leben-und-Sterben ist nichts Geringeres als das Leben Buddhas.

Ein zentraler Satz. Zudem einer, der das Vorurteil vom »nihilistischen« Buddhismus widerlegt. Oft wird ja verkündet, ein Buddha habe es geschafft, sich ganz vom Leben zu lösen. Nach seinem Tod werde er deshalb verlöschen wie eine Kerze. Dōgen wendet den Gedanken ins Irdische, ins Hier und Jetzt: Das Nirwana wartet nicht im Jenseits. Jeder von uns kann bereits heute als Buddha leben. Mit jedem Atemzug atmet man den Atem Buddhas. Auch wenn das Leben Leiden ist, man kann das Leiden überwinden, indem man es annimmt. Doch wie um alles in der Welt erreicht man diesen Punkt der Gelassenheit?

Vergiss einfach deinen Körper und Geist, lass sie fahren und wirf dich in Buddhas Haus hinein. Von Buddhas Seite

aus getragen wirst du, indem du nur folgst, ganz ohne Kraft-
anstrengung und Geistesbemühung, frei von Leben-und-
Sterben selbst ein Buddha. Warum sollte jemand im Geist
verharren?

Jedes Mal, wenn ich diese Textstelle lese, muss ich an
meinen ersten Kuss und an all die bangen Fragen denken, die ihm vorausgingen: Was, wenn ich zurückge-
wiesen werde? Darf ich das überhaupt? Und wenn ich
mich blamiere? Es gehörte eine gehörige Portion Mut
dazu, alle Vorsicht abzulegen und den Sprung in die
Selbstvergessenheit zu wagen, um »ganz ohne Kraft-
anstrengung und Geistesbemühung« im Kuss aufzuge-
hen und vom anderen getragen zu werden. Für mich
fühlte es sich damals an, als sei zum ersten Mal ein
Lichtstrahl in mein Leben gedrungen. Der Albtraum der
Kindheit schien endgültig vorbei. Wenn Dōgen von Buddha spricht, hat er natürlich keinen glücklich verliebten
Teenager im Sinn. Ich glaube dennoch, dass das Gefühl
des Getragenseins dem der ersten Verliebtheit ganz,
ganz nahe steht.

Ähnliches kann man auch in einer existenziellen Krise
erleben. Manchmal fühlt man sich, als stünde man vor
einem Abgrund, dessen Tiefe man nicht einmal erahnen
kann. Zurück kann man nicht gehen, denn sonst wäre
der ganze Weg umsonst gewesen. Aber vor einem liegt
nur Dunkelheit. Kein Gott, kein Buddha weit und breit,
der einem helfen könnte. Was soll man nur tun? Doch
wenn man sich dann dazu entschließt, einen Schritt nach
vorn zu machen, hinein ins Dunkle, Unabsehbare, kön-

nen sich Angst und Ratlosigkeit in etwas Größeres verwandeln. In das Gefühl, getragen zu werden.

Dōgen beschreibt hier eine Erfahrung, die das Abfal-
len von Körper und Geist genannt wird. Man sagt, Dōgen
habe sie gemacht, als er als junger Mann auf der Suche
nach Erleuchtung bei seinem Meister in China praktizierte. Dōgen mühte und quälte sich, während sein
Nachbar bei der Meditation einfach eingeschlafen war.
Da näherte sich der Abt des Klosters und weckte den
Schlafenden mit der Aufforderung, Körper und Geist loszulassen. Dōgen fiel es wie Schuppen von den Augen:
Man kann Buddha nicht »machen«. Keine Kraftanstren-
gung der Welt führt an dieses Ziel. Erst wenn man loslässt, übernimmt Buddha – oder das Leben selbst – die
Führung. Dann führe nicht mehr länger ich das Leben,
sondern das Leben führt mich. Gelangt man erst einmal
an diesen Punkt, wird einem eine Formulierung wie »aus
eigener Kraft zum Buddha werden« nicht mehr über die
Lippen kommen. Nur der Schritt auf den Abgrund zu
und in den Abgrund hinein geschieht aus freiem Willen. Aber alles, was danach kommt, geht auf eine Kraft
zurück, die alles Menschliche übersteigt: Buddha.

Dōgen verwendet den Begriff »Buddha« in diesem Text
auf mehrfache Weise. Zum einen meint er den Buddha in
der ersten Person: Wenn *ich* nicht als Buddha lebe und
sterbe, wer dann? Jeder Einzelne von uns muss den Vektor seiner Lebenspraxis auf Buddha ausrichten, damit
sich Buddha in seinem Leben und Sterben verwirklichen
kann. »Buddha« bezeichnet in diesem Fall einen Men-

schen, der die volle Verantwortung für das eigene Leben und Sterben übernimmt und versucht, das Beste aus allem zu machen. Nicht nur für sich selbst, sondern auch für die anderen.

Dōgen spricht gleichzeitig aber auch so von Buddha, als handle es sich um eine Existenz, die über den Menschen hinausgeht und letztlich unerreichbar ist für ihn. Nicht der Mensch wird durch eigene Anstrengung zum Buddha, sondern Buddha erscheint in der Praxis des Menschen. Am Anfang des Zen-Wegs strebt jeder nach Selbstoptimierung. Jeder will zum Buddha werden. Oft vergehen Jahre bis zur Einsicht, dass man dieses Ziel nie erreichen wird. Gibt man dann aber trotzdem nicht auf und fährt mit der Praxis fort, stellt sich die Erkenntnis ganz plötzlich ein. Dann *weiß* man auf einmal, dass Buddha der Raum ist, der einem erlaubt, man selbst zu sein, während Buddha ganz Buddha ist. An anderer Stelle wählt Dōgen einmal das schöne Bild vom Mond, der sich in einem Tautropfen spiegelt. Mond und Tautropfen könnten unterschiedlicher nicht sein in Größe und Qualität. Und doch kann der ganze Mond in einem einzigen Tautropfen sichtbar werden und in ihm erscheinen, ohne dass der Tropfen dabei seine Form verliert.

Nicht ich werde zum Buddha. Buddha erscheint durch mich. Das kann einem auch beim Zazen geschehen, vorausgesetzt, man lässt sich ganz auf die Meditation im Sitzen ein. Dann zeigt der Vektor nicht mehr auf den Buddha, sondern richtet sich, von Buddha kommend, direkt auf den Menschen. Dann ist Buddha die unendliche Kraft, die mir das Leben schenkt. Nicht selten spürt man in solchen Fällen die Versuchung, den Buddha in der zweiten Person anzureden, genau wie ein Christ seinen Gott: »Als ich losließ, fingst du mich auf.«

Kennt Dōgen auch einen horizontal auf den Mitmenschen gerichteten Vektor? Aber natürlich! Ihm widmet sich der letzte Absatz des Textes:

Es gibt einen einfachen Weg, Buddha zu werden: Tue nichts Schlechtes, halte nicht an Leben und Sterben fest, habe tiefes Mitgefühl mit allem Lebenden, respektiere die vor dir und nimm dich der nach dir an, hege gegen nichts Abscheu, berge keine Wünsche in deinem Herzen, trage dich nicht mit Gedanken und mache dir keine Sorgen. Das nennt man einen Buddha. Suche nach nichts anderem!

Diese Sätze haben so manchen Interpreten schlaflose Nächte bereitet. Wenn doch klar ist, wie man zum Buddha wird, nämlich durch Loslassen, warum hat Dōgen dem dann noch etwas hinzugefügt? Warum fordert er den Leser am Ende auf, nichts Schlechtes zu tun? Gerät denn ein Buddha überhaupt noch in Versuchung? Befindet sich ein Erleuchteter nicht jenseits von Kategorien wie »gut« und »schlecht«?

In der japanischen Literatur wird manchmal behauptet, Dōgen habe im Absatz davor, als er vom Getragenwerden sprach, bereits das Wesentliche gesagt. Wer loslässt, wird zum Buddha. Punkt. Aber da das leider nur den allerwenigsten gelingt, habe Dōgen allen sozusagen »Normalsterblichen« einen Plan B aufgezeigt, nach dem

Motto: Wenn du es nicht geschafft hast, dich aus deinen tief verwurzelten Irrtümern zu lösen, gibt es auch
noch einen anderen Weg zur Erleuchtung – eben nichts
Schlechtes zu tun, Respekt, Mitgefühl und Erbarmen zu
zeigen etc.

An diese Interpretation glaube ich nicht. Ich denke
eher, dass die wunderbare Erfahrung des Loslassens
und Von-Buddha-Getragenwerdens, die dem Verliebtsein
ähnelt, nur die erste Etappe auf einem langen Weg ist.
Um im Bild zu bleiben: Auf die Verliebtheit folgt das Ehe-
leben. Dōgen warnt also diejenigen, die glauben, spiritu-
ell schon etwas erreicht zu haben, und meinen, sich auf
ihren Lorbeeren ausruhen zu können.

Nie geht es nur um das Verhältnis zu Buddha, sondern immer auch um das zu den Mitmenschen. Sie stellt
Dōgen im letzten Abschnitt ins Zentrum. So wie ich
durch Buddha lebe, tun das auch alle anderen Wesen.
Ich muss die Kraft, die mich trägt, mit anderen teilen,
denn es gibt kein Wesen, das nicht Buddha wäre. Diesen
Buddha, der uns im Mitmenschen begegnet, nenne ich
den Buddha in dritter Person.

Damit klingt Dōgens *Shōji*-Text aus. Zusammenfassen ließe er sich vielleicht wie folgt: Dieses Leben ist
mein Leben. Dieser Tod ist mein Tod. Keiner kann für
mich leben oder sterben. Was ich aus meinem Leben und
aus meinem Tod mache, liegt ganz an mir. Aber um das
Beste aus diesem Leben-und-Sterben machen zu können,
muss ich mich selbst vergessen. Ich muss loslassen, um
mich ganz der Kraft des heutigen Tages anvertrauen zu
können. Dann spüre ich, dass ich getragen werde. Bei-

nahe fühlt sich das an wie der erste Kuss. Verliebtsein ist wunderbar, doch Verliebtsein allein sorgt nicht für eine glückliche Ehe. Es kommt auf die Praxis im Alltag an.

Ein Marathonlauf, der gerade erst begonnen hat

In dem Text *Bodaisatta-shishōhō* aus dem Jahr 1243 wird Dōgen etwas konkreter und veranschaulicht diese eher abstrakten Überlegungen zur alltäglichen (Liebes-)Praxis anhand von Beispielen. Dabei orientiert er sich an den sogenannten »vier unermesslichen Geisteshaltungen«. Was ist damit gemeint?

Wie wir gesehen haben, kannten die alten Griechen vier Begriffe für die Liebe. In Indien existieren sogar doppelt so viele. *Trsnā* steht für das Begehren nach all dem, was einem fehlt. Wenn er begehrt, erfährt sich der Mensch als Mangelwesen. Er ist unzufrieden mit sich selbst und der Welt, wie sie sich ihm darstellt. Deshalb wird *Trsnā* im Buddhismus auch als Ursprung des Leidens angesehen. Gleichzeitig besitzt die Unzufriedenheit auch eine produktive Seite, kann sie einen doch dazu motivieren, das eigene Leben zu ändern. Der von *Trsnā* getriebene Mensch befindet sich auf der ewigen Suche nach dem Glück. Nie wird er es in der Gegenwart finden.

Der zweite indische Begriff für Liebe lautet *Kāma*. Die meisten werden schon einmal vom *Kāma-Sūtra* gehört haben, dem legendären Leitfaden der Erotik, der während der sexuellen Revolution im Westen zu einem Kultbuch avancierte. Die mit *Kāma* bezeichnete Form der Liebe ist in erster Linie eine körperliche und steht dem *Eros* nahe.

Preman und *Sneha* bezeichnen die freundschaftlichen Aspekte der Liebe. Sie decken ein weites Feld ab, reichen sie doch von der innigen Verbundenheit mit einem anderen Menschen bis hin zur Vereinigung mit Gott. Nicht falsch ist es, in diesem Zusammenhang an das griechische Wort *Philia* zu denken.

Und was könnte das buddhistische Pendant zu *Agape* sein, der selbstlosen Liebe? In Betracht kommen die indischen Worte, die man als die »vier unermesslichen Geisteshaltungen« bezeichnet: *Maitrī*, die liebende Güte; *Karunā*, das Mitgefühl; *Muditā*, die Mitfreude, und *Upeksā*, der Gleichmut.

Im Japanischen werden die ersten beiden durch zwei Schriftzeichen wiedergegeben, die man kombiniert als *Ji-hi* liest. Jeder Japaner kennt dieses Wort, dessen Bedeutung an die christliche Liebe erinnert: Hilfe für den anderen (*Maitrī*), motiviert durch spontanes Mitgefühl (*Karunā*). *Maitrī* bezeichnet dabei eher den Wunsch, jemanden aktiv zu einem noch unbekannten, höheren Glück zu führen, während es *Karunā* darum zu tun ist, für jemanden da zu sein und ihn von seinem Leid zu befreien. In Asien beschreibt das exakt die Aufgabenteilung der Eltern: Dem Vater obliegt es, tatkräftig zu führen, während die Mutter darauf achtet, dass keiner zurückbleibt.

Muditā, die Mitfreude, ist das Gegenteil von Neid und Eifersucht, denn hier freut man sich über das Glück eines anderen. *Upeksā*, der Gleichmut, gilt vielen Buddhisten als die höchste Stufe der Liebe. Er geht über die Mitfreude noch hinaus und akzeptiert alles so, wie es ist. Jeden Menschen, jedes Ding. Doch, und das ist wichtig, auf nicht gleichgültige, nicht lethargische Weise, sondern als eine liebende Gelassenheit, in der die anderen, aktiveren Formen der Liebe aufgehoben sind. Sich als Buddhist »mit allem eins zu fühlen« reicht also beileibe nicht aus. Immer kommt es darauf an, dass sich diese Haltung auch in einem liebenden Handeln manifestiert.

Mudita und *Upeksā* verschmelzen im Japanischen ebenfalls zu einem Wort: *Kisha*. Im alltäglichen Gebrauch bezeichnet es das selbstlose Spenden einer Gabe. Von *Kisha* spricht man immer dann, wenn einer etwas hergibt und daran seine Freude hat, etwa bei der Spende für einen guten Zweck.

Dōgens Text, um den es nun gehen soll, trägt den Titel *Bodaisatta-shishōhō*. Darin steckt das japanische Wort *Bodaisatta*. Es bezeichnet den Bodhisattva. Dem Wunsch, als Bodhisattva für andere da zu sein und ihnen den Weg zur Erleuchtung zu weisen, sind wir schon begegnet. Aber es lohnt sich vielleicht, noch einige Worte über den Unterschied zwischen einem Bodhisattva und einem Buddha zu verlieren.

Ursprünglich wurde im Buddhismus zwischen den beiden Begriffen klar unterschieden: Ein Buddha war ein Mensch, der das Nirwana, also die Erlösung von allem Leiden, erreicht hat und damit endgültig frei ist vom in unzähligen Wiedergeburten immer wieder neu begin-

nenden Kreislauf des Lebens. Ein Bodhisattva hingegen, so sagte man, befindet sich noch auf der Vorstufe
zum Nirwana. Er versucht, sich auf das Erreichen des
Nirwana in einem zukünftigen Leben vorzubereiten,
und kümmert sich daher in diesem Leben möglichst viel
um andere, denn er möchte sich Stück für Stück von seiner Ichbezogenheit lösen. Sowohl der Buddha als auch
der Bodhisattva haben sich, so hieß es weiter, das Nirwana zum Ziel gesetzt. Doch der Buddha ist bereits am
Ziel angelangt, während der Bodhisattva noch einen langen Weg zu gehen hat. Einen *sehr* langen. Glaubt man
der traditionellen buddhistischen Lehre, können durchaus Milliarden von Wiedergeburten vergehen, bis ein
Bodhisattva endlich zum Buddha wird. Er gleicht einem
Marathonläufer, der erst wenige Millimeter der Strecke
zurückgelegt hat.

Dōgen aber bürstet die Tradition gegen den Strich. Er
gebraucht zentrale buddhistische Begriffe wie Buddha,
Bodhisattva und Nirwana auf seine ganz eigene Weise.
So nimmt er keine Trennung vor zwischen dem Nirwana
und dem ganz gegenwärtigen Leben und Sterben. Der
Marathonläufer hat sein Ziel also immer schon erreicht,
auch wenn er gerade erst den Start verlassen hat. Für
Dōgen praktiziert ein Bodhisattva nicht Güte und Gleichmut in der Gegenwart, um in einem späteren Leben mit
dem Erreichen des Nirwana ausgezeichnet zu werden.
Vielmehr vergisst ein Bodhisattva das Ziel ganz und gar
zugunsten seines Daseins für andere. Und gerade deshalb kann er schon in diesem Leben ein Buddha genannt
werden.

Ein Beispiel mag diesen Gedanken verdeutlichen. Nehmen wir an, beim Nirwana handle es sich um so etwas wie den Friedensnobelpreis. Ich bezweifle stark, dass die für den Preis infrage kommenden Kandidaten in der Nacht vor der Bekanntgabe schlecht schlafen, weil sie sich fragen: »Werde ich dieses Mal belohnt? Bekomme ich nach all der vielen Arbeit und Mühe endlich diesen verdammten Preis, der mir schon so lange zusteht?« Jemanden, der den Preis wirklich verdient hat, wird nichts weniger interessieren als die Frage, ob man ihn nun damit auszeichnet oder nicht. Wenn die Vergabe dazu beiträgt, seinem Anliegen zu mehr Geld und Öffentlichkeit zu verhelfen, wird ihn das sicher freuen; aber um seinen persönlichen Ruhm wird er sich kaum scheren.

Manchmal heißt es, ein Bodhisattva helfe anderen, um dadurch selbst schneller zur Erleuchtung zu kommen. Eigentlich logisch: Wer anderen hilft, lässt von seinem Ego los und findet so die Tür zum Nirwana. Leider ist es nicht so einfach. Denn wenn ich mich nur um andere kümmere, weil ich scharf auf meine eigene Erleuchtung bin, sind mir die anderen in Wirklichkeit herzlich egal. Ich betrachte sie allein als Mittel zum Zweck. Ich benutze sie, um selbst erlöst zu werden.

Deshalb muss ein Bodhisattva alle eigenen Ziele vergessen, wenn er für andere da sein will. Er kennt keine Trennung zwischen sich und den anderen. Die Erleuchtung der anderen wird zu seiner eigenen. Also lässt sich strenggenommen auch nicht behaupten, ein Bodhisattva helfe anderen. Schließlich handelt er stets eingebunden ins Netz aller Lebewesen. Durch ihn verwirklicht sich das harmonische Zusammenleben überall auf der Welt.

Die Gemeinsamkeiten mit einem Christen, der Nächstenliebe praktiziert, liegen auf der Hand. Zwar spricht man im Buddhismus weniger von Liebe als von Güte oder Mitgefühl, doch letztlich läuft es auf dasselbe hinaus: auf die selbstlose Hingabe an den anderen. Dennoch lässt sich ein grundlegender Unterschied nicht wegdiskutieren: Die christliche Liebe handelt aktiver. In der Bergpredigt ermahnt Jesus seine Zuhörer, ihr Licht nicht unter den Scheffel zu stellen, sondern hinaus in die Welt zu strahlen, so wie eine Stadt auf dem Hügel die Nacht erhellt. Ein Bodhisattva übt sich dagegen in Zurückhaltung. Oder wie Dōgen schreibt: »In alten Zeiten lebten die Mönche in den Bergen und übten tief im Wald. Sie verkehrten nicht mit den Leuten, von allen Geschäften ließen sie los. Sie wollten niemanden beeindrucken, keiner sollte ihre Spuren sehen. Von ihrem Beispiel sollten wir heute lernen.«

Aber selbst für einen Buddhisten ist es nicht genug, über einen gelassenen Geist und ein freundliches Herz zu verfügen. Mitgefühl will gelebt werden. Es muss beim anderen ankommen. Vier Wege zählt Dōgen am Anfang seines Textes *Bodaisatta-shishōhō* auf. Vier Möglichkeiten, wie ein Bodhisattva eine lebendige Verbindung zu anderen Wesen eingehen kann. Sie erinnern an die »vier unermesslichen Geisteshaltungen«, die im Indischen das Wesen der selbstlosen Liebe definieren:

Erstens das Geben
Zweitens Worte der Liebe
Drittens selbstlose Hilfe
Viertens die Harmonie

Die Blüten, die der Wind verweht hat, kehren nicht mehr an den Zweig zurück

Geben bedeutet, nicht habsüchtig zu sein. Nicht habsüchtig zu sein bedeutet, nichts zu begehren. Das Gegenteil davon ist Heuchelei. Selbst wenn du die vier Kontinente beherrschst, darfst du kein Begehren haben, damit du den wahren Weg finden und anderen zeigen kannst. Es ist so wie mit einem Schatz, den du loslässt, um ihn einem Unbekannten zu geben.

Geben bedeutet, nichts haben zu wollen. Wer etwas haben will, kann nicht geben. Ganz einfach – und doch so schwer. Hand aufs Herz: Will nicht jeder von uns etwas haben, selbst wenn er gibt? *Give and take*? Oft stellt das Geben den plumpen Versuch dar, sich bei jemandem einzuschmeicheln, ihn günstig zu stimmen. Nach Dōgen wäre das kein Geben, sondern das Gegenteil: etwas haben wollen.

Was passiert, wenn ich den Schatz einem Unbekannten gebe? Richtig, ich werde beide nie wiedersehen. Auch eine Aussicht auf Belohnung besteht nicht. Dann, und nur dann, kann von echtem Geben gesprochen werden – eines, bei dem weder der Empfänger für den Geber einen Namen besitzt noch der Geber für den Empfänger. Sich als großzügiger Spender profilieren zu wollen, verriete ein Begehren, das sich mit der Geste des Gebens nicht verträgt.

So auch in der Liebe. Wenn ich nicht bereit bin, zuerst einmal die anderen zu akzeptieren, wie sie sind, werde ich selbst wahrscheinlich niemals einen Menschen finden, der mich auch für meine Macken liebt.

Dem Buddha Blumen von fernen Bergen darbringen oder die Schätze vergangenen Lebens unter den leidenden Wesen verteilen – gleich ob es sich um eine Lehre oder ein Ding handelt, jedes Geben trägt die ihm entsprechende Tugend in sich.

Nicht nur materialistisch eingestellte, sondern auch viele religiöse Menschen mögen sich manchmal fragen, welchen Verdienst sie sich von ihren Taten oder ihrem Glauben erhoffen dürfen. All die Gebete, all die vielen Stunden Meditation – was werde ich einmal davon haben? Die deutsche Sprache beantwortet diese Frage mit einem einfachen Austausch des Artikels. Es geht nicht um *den*, sondern um *das* Verdienst der Praxis. Nur das Geben, das *den* Verdienst nicht im Auge hat, trägt die Tugend des Gebens in sich. Geben bedeutet nicht nur, zu spenden oder sich Zeit für einen Mitmenschen zu nehmen. Geben bedeutet vor allem, von sich selbst und damit auch von der Erwartung auf eine mögliche Belohnung abzusehen. Geben ist genau wie das Leben – es »bringt« nichts. Deshalb ist es so wichtig. Und deshalb heißt es: Geben, nicht fordern!

Es ist sogar recht, zu geben, was nicht dein Eigentum ist. Dein tugendhaftes Bemühen muss echt sein, ohne ein Ding als unbedeutend abzutun.

»Eigentum ist Diebstahl«, lautet eine bekannte Maxime. Sie stammt von Pierre-Joseph Proudhon, einem Vordenker des Kommunismus. Selten jedoch bekommt man diese doch recht radikale These von den Vertretern etablierter Religionen zu hören. Wir kennen das christliche Gebot, das den Diebstahl untersagt. Seine Aussage leuchtet unmittelbar ein: Man soll das Eigentum der anderen respektieren, weil man auch von ihnen erwartet, nicht bestohlen zu werden. Dass es, wie Dōgen schreibt, auch eine Tugend sein könnte, jemand anderem das zu geben, was einem selbst nicht gehört, darauf findet sich in der Bibel keinerlei Hinweis.

Auch der Buddhismus kennt das Gebot: »Nicht stehlen!« Natürlich handelt es sich dabei nicht um einen von Gott stammenden Befehl, sondern schlicht um eine Regel, die sich die Mitglieder der buddhistischen Gemeinschaft selbst verordnet haben. Wie kommt dann aber Dōgen zu einem Satz wie: »Es ist sogar recht, zu geben, was nicht dein Eigentum ist«? Propagiert er damit nicht eine Form von Diebstahl?

»Geschenkt ist geschenkt, wiederholen ist gestohlen.« Selbst wenn einige Juristen widersprechen mögen, richten wir uns doch in den allermeisten Fällen nach dieser Kinderweisheit. Will ich etwas verschenken, muss es mir gehören. Und habe ich es dann hergegeben, gehört es nicht mehr mir, sondern dem Beschenkten.

Doch so denkt ein Buddhist nicht. Für ihn beginnen die meisten Probleme der Menschen mit der Unterscheidung zwischen »mir« und »dir«, »mein« und »dein«. Geben bedeutet für ihn letztlich nichts anderes, als sich von der Idee eines »Ich« zu lösen. Deshalb vermag er nicht nur das zu geben, was ihm gar nicht gehört, er *muss* es sogar tun. Die Auffassung, dass einem etwas so lange gehört, bis man es einem anderen gibt, ist ihm fremd, ja sie bezeichnet für ihn sogar den wahren Diebstahl.

Wenn du den Weg dem Weg überlässt, wird dir der Weg zu eigen. Wenn du dir den Weg zu eigen machst, bleibt der Weg ohne Fehl sich selbst überlassen. Wenn du einen Schatz dem Schatz überlässt, dann wird der Schatz ohne Fehl zum Geben. Gebe dich selbst an dich selbst und die anderen an die anderen.

Oft hört man den Satz, wonach es zwar nur eine Wahrheit gebe, aber viele Lehren, die sie verkünden. So wie viele verschiedene Wege auf denselben Berggipfel führen. Jeder ist aufgerufen, seinen eigenen Weg zu finden. Was aber nicht heißt, dass der Wahl des Weges keine Wichtigkeit zukommt. Man sollte sich schon genau überlegen, welchen Pfad man einschlägt. Denn irgendwann muss sich jeder seinem Weg ganz und gar überlassen und ihn mit all seinen Unwägbarkeiten akzeptieren. Das schließt den Respekt für die Wahl aller anderen ein, die sich mit mir auf den Weg, auf *ihren* Weg gemacht haben.

Aufs Geben bezogen bedeutet das: loslassen. Ob man

einen Schatz loslässt oder die Zeit, sich selbst oder die anderen, immer erlaubt man es dem Losgelassenen, sich zu entfalten und einfach so zu sein, wie es ist. Loslassen darf dabei aber nicht unabhängig vom Annehmen gedacht werden, von Akzeptanz.

»Geben ist seliger denn Nehmen«, lehrt das Christentum und liegt damit richtig. Zumindest solange das nicht bedeutet, dass ich dem anderen mit meiner Gabe etwas aufzwingen will, etwa meine Weltanschauung, und auf diese Weise den Respekt für die Weltanschauung des anderen vergesse. »Annehmen ist Geben, Geben ist Annehmen«, sagt der Buddhist. Den anderen in seinem ureigenen Wesen anzunehmen, statt ihn überzeugen, bekehren oder verändern zu wollen, das stellt die wahre Form des Gebens dar.

Darum pflegen Buddhisten in der Regel nur sehr zurückhaltend zu missionieren, wenn überhaupt. Nicht weil ihnen das Seelenheil anderer Wesen gleichgültig wäre, sondern weil sie den Weg des anderen respektieren. Nur diese Akzeptanz versetzt sie in die Lage, dem Verirrten, falls nötig, die Richtung weisen zu können.

Die karmische Kraft des Gebens führt in ferne Himmels- und Menschenwelten, ja sogar bis zu den Weisen, die Erleuchtung erlangt haben. Das liegt daran, dass immer dann, wenn eine Gabe empfangen wird, ein karmisches Band geflochten wird.

Längst sprechen wir auch im Westen von *Karma*. Aber über die genaue Bedeutung dieses Begriffs herrscht häufig Uneinigkeit. Viele erklären ihn sich mit einer Art Kosten-Nutzen-Rechnung: Widerfährt mir in diesem Leben scheinbar zu Unrecht etwas Schlechtes, muss ich mich in einem früheren Leben danebenbenommen haben. Und fehle ich in diesem Leben, wird irgendwann die Strafe dafür folgen, vielleicht schon morgen oder übermorgen, vielleicht aber auch erst im nächsten oder übernächsten Leben. Analog verhält es sich mit dem, was ich an Gutem hinbekomme: Eines Tages werde ich ganz bestimmt die Früchte dafür ernten!

Leider finden sich in dieser Gleichung ein paar Unbekannte zu viel. Nicht einmal unter Buddhisten existiert ein Konsens zum Thema Wiedergeburt. Welchen Sinn sollte es haben, schon verstohlen aufs nächste Leben zu schielen, wenn es doch darum geht, sich vom Ich zu lösen? Mit der Fixierung auf »*mein* Karma« oder »*meine* Wiedergeburt« käme das gerade erst aus dem Fenster gejagte Ich zur Tür wieder herein.

Und selbst wenn die Möglichkeit eingeräumt wird, dass nach dem Tod eines Menschen ein neues Bewusstsein entsteht, das mit dem gegenwärtigen karmisch verbunden ist, ohne dass es denselben Besitzer hätte – wäre das nicht in höchstem Maße ungerecht? Dann müsste ja in einem zukünftigen Leben ein anderes Bewusstsein die Folgen jener Taten ausbaden, die »ich« mir in diesem Leben habe zuschulden kommen lassen!

Was bedeutet *Karma* also wirklich? Einen Hinweis gibt die Übersetzung des Begriffs mit dem deutschen Wort

»Handlung«. Eine Handlung wird von einer anderen beeinflusst und beeinflusst eine andere. Das gilt für mein Tippen auf der Tastatur genauso wie für Ihr Lesen dieser Zeilen. Ohne mein Tippen beziehungsweise Ihr Lesen wäre dieser bestimmte Tag für mich und für Sie anders verlaufen, womöglich ja sogar Ihre nähere Zukunft – wünsche ich mir insgeheim doch wie wohl jeder Autor, dass gerade mein Buch Ihr Leben zumindest ein klein wenig beeinflussen möge. Weitet man die Perspektive, erkennt man, dass dieser wechselseitige Einfluss auf alle Handlungen im Universum zutrifft. Er ist gemeint, wenn man von *Karma* spricht.

Wer gibt, erzeugt *Karma*. Doch davon wird er nicht irgendwann in der Zukunft einmal profitieren. Der »Profit« liegt im Geben selbst, durch das man sich aus seiner Ichbezogenheit befreit. Noch wichtiger aber ist die Verbindung, die sich zwischen dem Gebenden, seiner Gabe und dem Beschenkten ergibt. *Karma* bezeichnet das Zusammenkommen dieser drei Faktoren. Auch der Beschenkte hat also seinen Anteil daran, soll sich das *Karma* des Gebens verwirklichen. In dem Moment, in dem Gebender und Beschenkter im Akt des Gebens zusammenfinden, haben sie teil an ein und demselben *Karma*. Sie knüpfen eine Verbindung. So klein sie auch sein mag, lässt sie doch das ganze Universum in neuem Glanz erstrahlen.

Buddha sprach: »Wenn ein sich Gebender zur Gemeinschaft stößt, sind alle Augen auf ihn gerichtet. Das liegt daran, dass sich sein Geist insgeheim mitteilt.«

Manchen Menschen fällt das Geben leichter als anderen. Wer seinen Platz gefunden hat und sich selbst und die Welt wertschätzt, für den wird das Geben zur zweiten Natur. Das teilt sich auch jenseits von Geschenken und Wohltaten mit. In den Gesichtszügen, in den Augen, im Klang der Stimme. Der Geist, der sich darin zeigt, leuchtet warm wie die Sonne. Alles wächst ihm entgegen.

Selbst wenn es nur ein einziger Spruch oder Vers der Lehre ist, wir dürfen ihn geben. Das sind die Samen des Guten in diesem und in jedem künftigen Leben. Auch eine billige Münze oder ein Grashalm sind Schätze, die wir geben dürfen. Auf diese Weise lassen wir die Wurzeln des Guten in dieser und in anderen Welten sprießen. Die Lehre ist ein Schatz, und ein Schatz ist eine Lehre. Es kommt darauf an, mit einem freudigen Geist zu geben.

Zum Geben ist man eingeladen. Ich darf geben, Sie dürfen geben. Auch der Bettler auf der Straße *gibt* etwas, nämlich anderen die Gelegenheit, ihm zu geben. Viele Menschen betrachten Geld als Teil ihrer Identität. Spenden sie, geben sie einen Teil von sich, selbst wenn der Betrag noch so gering ist. Jesus deutete auf die Frau, die nur zwei Scherflein in den Spendenkasten des Tempels geworfen hatte, und sagte: »Diese arme Witwe hat mehr als sie alle eingelegt«, denn sie gab, ohne etwas zurückzuerwarten. Natürlich spricht Dōgen nicht allein von materiellen Gaben. Ein Geschenk kann auch so vieles andere sein: das Aufhalten einer Tür, ein Lächeln auf der Straße, eine zum Gruß ausgestreckte Hand.

Seit ich vor fünfundzwanzig Jahren zum Mönch ordiniert wurde, lebe ich hauptsächlich von den Almosen anderer Menschen. Jedes Jahr gehe ich für mindestens eine Woche zum Betteln nach Kyōto und Ōsaka. Neuerdings bekommt das Kloster auch Spenden aus der ganzen Welt über das Internet. Es ist schön, auf diese Weise daran erinnert zu werden, dass man nicht alles allein schaffen muss. Ich bin sehr dankbar dafür.

Manchmal fragt man mich: »Fühlst du dich nicht schlecht, wenn du betteln gehst? Du solltest doch etwas tun für die Menschen in der Welt!« Dann entgegne ich: »Wovon ernährst du dich? Von der Arbeit deiner Hände? Und von wem hast du diese Hände? Hast du dich jemals für sie bedankt?«

Immer wenn jemand eine Münze in meine Schale legt, rezitiere ich einen kurzen japanischen Vers. Übersetzt lautet er:

Diese Münze und die Praxis der Lehre
Gemeinsam sind sie eine Form des Gebens
Dessen Verdienst unermesslich ist
In ihnen verwirklicht sich die Praxis vollkommener Weisheit
Möge das gesamte Universum daran teilhaben

Nur die wenigsten werfen das Geld achtlos oder gar mit einer Geste der Arroganz in die Schale. Vielmehr verneigen sich die meisten Spender und bedanken sich für den rezitierten Vers. Man merkt ihnen an, dass sie sich nicht nur als Gebende, sondern gleichzeitig auch als Empfangende verstehen. Sie bedanken sich dafür, mit ihrer

Spende teilhaben zu dürfen an der Praxis vollkommener Weisheit.

Nun wird so mancher natürlich kritisch einwenden: Was bildet sich dieser buddhistische Mönch eigentlich ein? Hält er allen Ernstes das Murmeln eines Verses schon für eine Form des Gebens? Das ist doch nicht mehr als die Bestätigung, dass man den guten Willen eines anderen zur Kenntnis genommen hat! Allerhöchstens könnte man von einem bescheidenen Zurückgeben sprechen.

Ja, es stimmt. Geben ist auch Nehmen. Beides ist aufeinander bezogen. Gebe ich viel, genieße ich ein besonderes Ansehen. Einer gibt seine Gesundheit, ein anderer sogar sein Leben. Albert Schweitzer, Mahatma Gandhi, Martin Luther King, Mutter Teresa – diese Menschen dienen uns als Beispiele für die Kraft des Guten und was sie zu bewirken vermag. Wir alle sind, mal mehr, mal weniger, Teil dieser Kraft.

Wir müssen nur darauf achten, dass wir uns nicht selbst für unsere Großzügigkeit und unseren guten Willen auf die Schulter klopfen. Schon die zwanzig Euro, die man an Weihnachten für einen guten Zweck spendet, können einen dazu verleiten, auf andere geringschätzig herabzublicken und sich für einen besseren Menschen zu halten. Nach Möglichkeit sollen dann alle auch noch Wind von der eigenen Mildtätigkeit bekommen. Denn eine Gabe, die keiner bemerkt, sorgt für deutlich weniger wohlige Gefühle und taugt auch nicht zum Ausüben von Macht: »Weil ich dir etwas gegeben habe, musst du mir gefälligst auch dankbar sein!«

Als Mönch oder Zenmeister muss man gut aufpassen, nicht auf ein Podest gestellt zu werden. Oder sich selbst daraufzustellen und mit stolzgeschwellter Brust zu verkünden: »Ihr solltet dankbar dafür sein, dass ihr mir dienen dürft!« Ein Meister, der nicht dient, ist kein Meister.

Auch in der Liebe verbirgt sich hinter dem vermeintlich selbstlosen »Ich liebe dich« manchmal in Wahrheit ein forderndes »Ich will, dass du *mich* liebst!«. Oder gar das alle Grenzen verletzende Verlangen nach der Selbstaufgabe des anderen: »Ich will, dass du von mir geliebt werden willst!« Viel zu häufig stellt sich der Liebende selbst ins Zentrum, sei es als hochmütiger Spender oder als nimmersatter Empfänger einer Liebe, die ihm längst zum Konsumgut geworden ist. Das kann nicht gutgehen.

Hat einer das Geben genau studiert, dann ist für ihn sowohl das Empfangen des Körpers als auch das Loslassen des Körpers ein Akt des Gebens. Im täglichen Leben, in Arbeit und Geschäft gibt es nichts, was nicht Akt des Gebens wäre. Die Blüten dem Wind zu überlassen und die Vögel der Zeit gehört ebenfalls zu den Tugenden des Gebens.

Was darf ein Mensch mit vollem Recht sein Eigentum nennen? Sein Hab und Gut, für das er schwer gearbeitet hat und auf das er entsprechend stolz ist? »Ich bin in einfachen Verhältnissen aufgewachsen und durch eine harte Schule gegangen«, mag er sagen. »Nie habe ich aufgegeben. Was ich heute besitze, gehört daher ganz allein mir!«

Man könnte zurückfragen: War da nicht auch viel

Glück im Spiel? Verdankt sich denn gar nichts der Liebe der Eltern, dem Wissen der Lehrer oder der Unterstützung durch die Kollegen? Und ist sich dann einer ganz sicher, alles alleine und aus eigener Kraft geschafft zu haben – woher kam diese Kraft? Woher die Intelligenz, der Fleiß, der Mut, der Ehrgeiz?

Einige Dinge gibt es, die fast jeder zu seinem natürlichen Eigentum erklären wird. Leib und Seele etwa oder die Zeit seines Lebens. Kein Gerichtsvollzieher der Welt hätte auf diese Dinge einen Zugriff. Nur ob sie einem deshalb auch wirklich gehören, steht auf einem anderen Blatt. Habe ich ein Recht auf meinen Leib?

Obwohl keiner von uns sein Leben wirklich *verdient* hat und wir unseren Körper als ein Geschenk des Himmels ansehen sollten, betrachten wir ihn oft als unseren ureigenen Besitz und geraten sogar in Wut, wenn er nicht so funktioniert, wie wir uns das vorstellen.

Jeder, der klagt, keine Zeit zu haben, vergisst, dass ihm an jedem Tag aufs Neue vierundzwanzig Stunden geschenkt werden. Keine Minute des Tages vergeht, in der man keine Zeit hätte. Im Deutschen spricht man davon, sich Zeit für jemanden zu nehmen. Dabei hat man diese Zeit doch schon. Man kann sie sich überhaupt nur nehmen, weil sie einem gegeben ist.

Die Uhr des Lebens lässt sich nicht manipulieren. Die Blüten, die der Wind verweht hat, kehren nicht mehr an den Zweig zurück. Anstatt über die verlorene Zeit des Lebens zu klagen, sollte man dankbar sein dafür, immerhin genug Zeit zum Klagen zu haben. Und anschließend seine Zeit sinnvoller nutzen. Zum Beispiel, um das Herbstlaub zu bewundern. Der japanische Zen-mönch Ryōkan, der von 1758 bis 1831 gelebt hat, wusste ein Lied davon zu singen:

Was wird von mir bleiben
Wenn ich Abschied nehmen muss?
Blüten im Frühling
Und der Kuckuck im Wald
Ahornlaub des Herbstes

Genauso wichtig wie der Geist dessen, der gibt, ist die Geisteshaltung dessen, der empfängt. Niemals sollte man denken, man habe etwas »verdient«. Weder der Geber noch der Empfänger »verdienen« sich etwas. Das Verdienst liegt jenseits von Gabe, Gebendem und Empfangendem, nämlich im mit reinem Herzen durchgeführten Akt des Gebens und Empfangens selbst. Wenn der Gebende einfach loslässt und der Empfangende einfach annimmt, dann sind sie beide, im Geben und Annehmen, miteinander verbunden und bleiben trotzdem ganz sie selbst. Dann erwirbt sich keiner durch das Geben Macht über den anderen, dann steht auch keiner durch das Empfangen in des anderen Schuld. Ich bin ich, du bist du.

Buddha sprach: »Du kannst es selbst empfangen und gebrau-
chen – warum es nicht auch mit Vater und Mutter, Frau und
Kind teilen?«
Der eigene Gebrauch ist ein Teil des Gebens, genauso wie
das Teilen mit Vater und Mutter, Frau und Kind.

Liebe macht blind. Jeder musste das schon einmal erfahren, und auch mir erging es so, als meine Gefühle für Thuya übermächtig wurden und ich den Verstand zu verlieren schien. Ich war betrunken von Thuya. Aber könnte man diesen einfachen Satz – »Liebe macht blind« – nicht auch anders, positiver verstehen? Blinde Liebe vergisst alle Unterschiede, praktizierte Nächstenliebe zumal. Sie kümmert sich nicht um Hautfarbe, Nationalität oder Geschlecht. Ist sie echt, entspringt sie dem reinen Bedürfnis, für einen anderen Menschen da zu sein. Der barmherzige Samariter hat nicht darüber nachgedacht, um wen genau er sich da kümmerte. Er hat einfach geholfen.

Auch ein Bodhisattva verschenkt sich an Unbekannte. Das muss gar nicht mal unbedingt ein anderer Mensch sein. Auch ein Tier kommt in Betracht. Selbst eine Mücke kann zum Objekt blinder Liebe werden.

Von heute auf morgen alle Mücken lieben zu wollen, mutet nicht weniger absurd an als der Versuch, seine Feinde zu lieben, ohne sich vorher zu fragen, warum man sie sich überhaupt zu Feinden gemacht hat. Liebe beginnt immer in einem selbst. So zu sein, wie man nun einmal ist, stellt auch eine Form des Gebens dar. Dōgen erinnert uns aber mit den Worten Buddhas daran, dass wir nicht bei dem Satz »Ich bin ich« stehen bleiben dürfen. Liebe ist kein Selbstzweck. Wenn es mir gelingt, mich selbst zu lieben, mich also gleichzeitig anzunehmen und loszulassen – warum sollte ich dann diese Liebe nicht mit anderen teilen? Etwa mit denen, die mir am nächsten stehen: Vater und Mutter, Frau und Kind.

Wer keine Lösung für den Ehestreit findet, wird lange auf den Weltfrieden warten.

1984, als ich Thuya kennen- und lieben lernte, hatte der Kalte Krieg seinen Höhepunkt erreicht. Wie so viele Teenager fragten auch wir uns, warum die alten Herren im Weißen Haus und im Kreml so verblendet waren. Unterschiedliche Weltanschauungen konnten doch kein Grund für ein Wettrüsten mit dem Ziel gegenseitiger Vernichtung sein?! Waren wir nicht alle Menschen? Es konnte doch nicht so schwierig sein, in Frieden zusammenzuleben.

In diesem Jahr feierte die von Thuya und mir sehr geschätzte Band Depeche Mode mit dem Song *People Are People* einen großen Erfolg. Er artikuliert eine große Ratlosigkeit angesichts all des Hasses auf der Welt. In seinen Zeilen schwang der naive Glaube mit, dass Hass immer von den anderen ausgeht, nie von einem selbst. Ich habe doch gar nichts falsch gemacht, und doch hasst du mich – warum nur? So heißt es im Refrain, und dann folgt die fast flehentliche Bitte um eine Erklärung: *Help me understand.*

Dabei hat der Song die Antwort längst selbst gegeben: *It's obvious you hate me* (Es ist offensichtlich, dass du mich hasst). Das hätten damals sowohl Amerikaner als auch Russen unterschrieben. Jeder machte den jeweils anderen für den Hass im Kalten Krieg verantwortlich.

In einer Liebesbeziehung kann es zu ähnlichen Situationen kommen: Ich will, dass du mich so akzeptierst, wie ich bin – und vergesse dabei ganz und gar, erst einmal dich zu akzeptieren. Ganz offensichtlich bist du es, der mir seine Akzeptanz verweigert, denke ich. Denkst du aber wahrscheinlich auch von mir.

»Ich verstehe nicht, warum die Menschen sich hassen!« Wer so spricht, hat tatsächlich nichts verstanden und droht, seine Beziehung zu dem oder den anderen gegen die Wand zu fahren. Der Ursprung von Zwietracht und Hass liegt immer auch in einem selbst. Um wirklich zu lieben, muss man wissen, dass man auch hassen kann. Sonst droht ein böses Erwachen.

Wenn wir zu geben vermögen, indem wir auch nur ein einziges Staubkorn loslassen, sollten wir uns in Ruhe daran erfreuen, selbst wenn es sich dabei um unser eigenes Tun handelt. Und zwar deshalb, weil wir damit bereits eine Tugend der Buddhas weitergeben, weil wir damit anfangen, eine Lehre der Bodhisattvas in die Praxis umzusetzen.

Liebe ist selbstlos. Das bedeutet aber nicht, dass ein Bodhisattva sich nicht an ihr erfreuen darf. Er freut sich – »in Ruhe«, fügt Dōgen hinzu – durchaus am Geben, auch wenn er selbst der Gebende ist. Das darf er auch, denn er gibt nur weiter, was er selbst von anderen Buddhas und Bodhisattvas empfangen hat: den Segen von Himmel und Erde, die Früchte des Meeres und der Felder, die Zeit und die Kraft des Lebens. Nichts davon gehört einem, warum also damit geizen? Wir dürfen uns freuen, wenn wir die Gelegenheit dazu bekommen, das uns Gegebene an andere weiterzugeben und auf diese Weise einen Kreislauf von Geben und Empfangen und wieder Geben zu vollziehen.

Schwer ist es, die Herzen der leidenden Wesen umzuwandeln. Eine kleine Gabe kann zum Keim der Herzensumkehr anderer werden, wenn sie mit der Absicht getan wird, gemeinsam mit allen Wesen den Weg zu vollenden. Der Anfang muss dabei stets mit einer Gabe gemacht werden.

Das Ziel eines Bodhisattva ist die Befreiung aller Wesen vom Leiden. Übersteigt das nicht das Menschenmögliche? Allein die Lösung des eigenen Lebensproblems erfordert jede Menge Kraft. Nimmt sich da ein Bodhisattva, der nicht nur sich selbst, sondern auch alle anderen befreien will, nicht viel zu viel vor?

Keine unwichtige Frage. Mit ihr kommt man der Wahrheit schon ein gutes Stück näher. In der Tat können wir uns nicht an den eigenen Haaren aus dem Sumpf ziehen. Noch weniger schaffen wir es, die ganze Menschheit zu befreien. Von den Mücken ganz zu schweigen. Aber darum geht es ja auch nicht. Wenn ich nur ein wenig von mir gebe, erlaube ich der Kraft des Gebens, die meine eigene weit übersteigt, durch mich hindurch zu wirken. Dann kann ich mich in den Kreislauf der Liebe einfügen und andere einladen, es mir nachzutun, indem sie von sich absehen und mit reinem Herzen geben. Und wenn es nur ein Lächeln ist.

Vermesse nicht die Größe der Herzen, urteile nicht über die Größe der Dinge. Es gibt Zeiten, in denen das Herz die Dinge verwandelt, und es gibt Akte des Gebens, durch die Dinge das Herz verwandeln.

Wichtig beim Geben ist der Geist, mit dem es getan wird. Es ist aber nicht an uns, über die Güte eines Geschenks zu urteilen oder über die Geisteshaltung, die dahintersteckt. Auch die Frage, ob diese Haltung nicht letztlich mehr zählt als das geschenkte Ding selbst, muss uns nicht interessieren. Denn der Geist wiegt wenig, offenbart er sich nicht in unseren Handlungen. Das Geben ist eine solche Handlung, die die Dinge in Bewegung bringt; die einen zu berühren vermag und dazu motiviert, etwas Ähnliches zu tun. So wird aus dem Geben ein Akt, der das Herz verwandeln kann.

Ich sag's dir gerne tausendmal

Im nächsten Abschnitt spricht Dōgen über die Worte der Liebe. Dabei handelt es sich um eine der wenigen mir bekannten Stellen in den buddhistischen Schriften, an denen das Wort »Liebe« ausdrücklich und in einem positiven Sinn verwendet wird. Wenn es sonst überhaupt vorkommt, dann für gewöhnlich im Sinne von Begehren. Wie bereits mehrfach erklärt, kann Liebe jederzeit in Hass umschlagen. Wir hängen an dem Menschen, den wir lieben. Wir möchten ihn uns zu eigen machen. Solange dieser Versuch von Erfolg gekrönt ist, nennen wir unser Verhalten »Liebe«. Sobald uns aber das Ruder entgleitet, sprechen wir von »Hass« – und versäumen nicht, dem anderen die Schuld dafür in die Schuhe zu schieben.

Traditionell wurde im Buddhismus dieser Aspekt der

Liebe stark hervorgehoben. So geriet die Liebe schnell zusammen mit anderen negativ besetzten Emotionen in eine Schublade. Dōgen beleuchtet in seinem Text jedoch eine andere Seite der Liebe: die Wärme des Herzens, ohne die ein Bodhisattva andere Wesen nicht erreichen könnte.

Wenn wir anderen Wesen mit einem zuneigungsvollen Herzen begegnen und gütige Worte an sie richten, dann sprechen wir Liebesworte. Es sind keine bösen und rüden Worte. Überall in der Welt geziemt es sich, nach dem Befinden zu fragen, und auch auf dem Buddhaweg sagen wir »Leb wohl« oder »Wie geht es dir?«.

Ich kann mich noch gut an das christliche Nonnenkloster im Mittleren Westen der USA erinnern, das ich vor über zwanzig Jahren als Begleiter eines japanischen Zenmeisters besuchte. »*Oh, sweetheart!*«, begrüßten uns die zum Teil schon etwas älteren Nonnen. Aber auch die jüngeren riefen mich mit Kosenamen wie *honey* und *my dear*. Einem knapp dreißigjährigen Zenmönch konnte da schon warm ums Herz werden. Zumal man sich in Japan mit dem Ausdruck seiner Zuneigung in der Regel zurückhaltender zeigt. So habe ich es nie erlebt, dass sich Eheleute hier mit »Schatz«, »Mäuschen« oder »Liebster« ansprechen. Auch den Satz »Ich liebe dich!« hört man höchstens im Kino. Lieben sich Japaner denn nicht?

Vielleicht sind sie ja auch einfach weniger fordernd. Eine spontane Liebeserklärung kann dem Partner den Tag verschönern. Sie kann ihn aber auch unter Zugzwang setzen, besonders wenn sie etwas zu oft wiederholt wird. Erwartet wird nämlich immer ein: »Ich dich auch!« Bleibt diese Antwort einmal aus, riecht es schnell nach Ärger im Paradies. Dabei lässt sich Liebe nicht nur in Schwarz und Weiß, in Ja oder Nein malen. Man sollte auch die vielen Grautöne, die ebenfalls zum Bild der Liebe dazugehören, akzeptieren. Und manchmal muss man eben sagen, auch wenn es noch so schwerfällt: »Schön, dass du da warst. Einen guten Weg wünsche ich dir, vielleicht sehen wir uns ja irgendwann einmal wieder!«

Dōgen nennt als Beispiele für Worte der Liebe ganz alltägliche Bemerkungen wie einen Gruß oder einen Wunsch. In jedem »Guten Tag!« steckt Liebe. Liebesworte richten sich immer an jemand anderen und zeugen davon, dass wir ihn zur Kenntnis nehmen, ohne ihn zu bedrängen. Auch Worte des Abschieds können Liebe enthalten. Man muss sich nicht immer unbedingt auf beide Wangen küssen, wenn man sich trennt. Was natürlich nicht heißen soll, dass sich Liebe nicht auch körperlich ausdrücken kann oder darf. Aber eine leise Frage bewirkt manchmal mehr als jeder Überschwang. Ein höfliches »Was darf es sein?« gibt dem anderen die Möglichkeit, seinerseits einen Wunsch zu äußern. Vielleicht will er ja auch nur allein gelassen werden? Fragen wie »Wie geht es dir?« oder »Kann ich dir helfen?« geben dem anderen die Zeit, sein Herz entweder zu öffnen oder eben auch darauf zu verzichten, wenn er das nicht möchte. Vielleicht erwartet er ja auch gar kein gefälliges Hilfsangebot, sondern etwas ganz anderes. Etwas wie »Verzeih mir«.

Liebesworte drücken sich in einem reinen Herzen aus, so wie wenn man einen Säugling an der Brust hält. Lobe, wo du Tugend siehst. Habe Mitgefühl, wo du keine Tugend findest. Wenn du eine Neigung für Liebesworte entwickelst, werden sie allmählich wachsen und reifen. Auf diese Weise werden sich auch Worte der Liebe verwirklichen, die dir bis dahin unsichtbar waren. Ein Leben lang solltest du nicht mit Worten der Liebe sparen und auch in kommenden Leben nicht damit aufhören.

Angst vor Zurückweisung kann einen dazu bringen, möglichst allen Menschen aus dem Weg zu gehen. Worte der Liebe werden niemandem schwererfallen als dem, der, um noch einmal die Band Ideal zu zitieren, sein Herz in einen »Panzerschrank aus Diamant« verwandelt hat. Aber gerade solche Menschen sehnen sich oft am meisten nach Liebe, nur wissen sie eben nicht, wie sie sich mitteilen sollen. Da sind noch so viele unverheilte Wunden, die keiner sehen soll. Und selbst so einfache Worte wie ein »Wie geht's?« kommen nur schwer über die Lippen.

Doch alle Bedenken lösen sich in Wohlgefallen auf, und jede Kommunikation wird einfach, kommt es auf etwas anderes an als auf Sprache, nämlich auf reine Nähe und Zuwendung. Ein Baby, das man im Arm hält, wartet nicht auf Worte. Es will angesehen und gehalten werden, mehr nicht. Dōgen hatte selbst keine Kinder, aber er wird auch mitbekommen haben, dass ein Baby einen manchmal alles kosten kann, was man an Nerven zu bieten hat. Trotzdem hat er natürlich recht: Es ist wundervoll, ein Baby zu haben!

Auch der Umgang mit einem Hund oder einer Katze kann zu einer Erfahrung tiefen Einverständnisses führen. Ein anderes Wesen, allein in dieser Welt wie ich, tritt mit mir in Verbindung – ohne zu drängen, ohne zu fordern, ohne Vorwürfe. Ganz elementar: Ich sehe und werde gesehen. Das Tier ist mir wichtig, weil ich dem Tier wichtig bin. Liebe bedeutet, sich wichtig zu nehmen.

Den Hass der Feinde zu bezwingen und die Minister auszusöhnen gelingt nur aufgrund von Worten der Liebe. Wenn wir Liebesworte von unserem Gegenüber hören, hellt sich unser Gesicht auf, und wir freuen uns von Herzen. Wenn wir auf Umwegen Liebesworte hören, prägen wir sie uns ein in Herz und Seele. Wisse, dass Liebesworte einem liebenden Herzen entspringen und dass der Keim eines liebenden Herzens ein Herz der Güte ist. Verstehe, dass Worte der Liebe die Kraft haben, den Himmel umzuwenden. Das ist mehr, als ein Kompliment auszusprechen.

Wir alle müssen lernen, Worte der Liebe zu sprechen, aber auch, sie zu erkennen, wenn wir sie hören. Nehmen wir sie bewusst wahr, spüren wir die große Kraft, die von ihnen ausgeht. Ein einziges Wort kann dem Schicksal eine andere Richtung geben. Es kann uns selbst an einem Regentag die Sonne sehen lassen, es kann aber auch alles, woran wir in einer Beziehung geglaubt haben, zum Einsturz bringen.

Liebe entdeckt im geliebten Menschen ein nie wirklich zu ergründendes Geheimnis. Liebe schafft dem anderen und einem selbst neue Räume zur Entfaltung.

Sie dürfen jedoch nie zu Gefängnissen werden. Bekanntlich hat der Schweizer Schriftsteller Max Frisch eine Art
säkulares Bilderverbot für alle Liebenden erlassen: Du
sollst dir kein Bildnis vom geliebten Menschen machen,
denn jedes Bild, jede feste Vorstellung, jede unumstößli-
che Erwartung sperrt den anderen ein und nimmt ihm
alle Chance zur Veränderung. Für Frisch endet die Liebe
mit den Worten: »Du bist nicht, wofür ich dich gehalten
habe.«

Frischs Freund Bertolt Brecht widmete demselben
Thema eine seiner *Geschichten vom Herrn Keuner*:

*»Was tun Sie«, wurde Herr K. gefragt, »wenn Sie einen Men-
schen lieben?« - »Ich mache einen Entwurf von ihm«, sagte
Herr K., »und sorge, dass er ihm ähnlich wird.« - »Wer? Der
Entwurf?« - »Nein«, sagte Herr K., »der Mensch.«*

In den *Notizen zur Philosophie* führt Brecht den Gedanken näher aus. Das Bildnis, das man sich von einem
anderen Menschen macht, heißt es da, wird nie ganz fertig, denn der Mensch hört ja nicht auf, sich zu verändern.
Darauf muss das Bildnis oder die Vorstellung vom geliebten Menschen immer wieder aufs Neue reagieren. Aber
es gibt auch den umgekehrten Fall. Weit davon entfernt,
den anderen in seiner Entwicklung zu hemmen, kann
das Bildnis auch einen Zukunftsentwurf formulieren,
die er gern als Ziel annimmt. »Solch ein Bildnis machen
heißt lieben«, schreibt Brecht.

Wie oft hat man es gehört, wie oft hat man es selbst
gesagt: »Du liebst mich nicht so, wie ich bin!« Auch in

diesem Buch habe ich mehr als einmal die Liebe mit der Fähigkeit gleichgesetzt, den anderen so annehmen zu können, wie er ist. Doch das kann nicht alles sein. Wollen wir wirklich »nur« für das geliebt werden, was wir bereits sind? Oder nicht doch auch für das, was wir noch nicht sind, aber sein könnten? Also für die Möglichkeiten, die in uns stecken und die wir erst noch verwirklichen wollen?

Das enttäuschte »Du liebst mich nicht mehr, wie ich bin!« dient uns als eine uneinnehmbare Festung, in die wir uns immer dann zurückziehen, wenn wir entweder den Glauben an das in uns schlummernde Potenzial verloren haben, vor der Größe einer Herausforderung zurückschrecken oder feststellen müssen, dass der Partner andere oder weniger Möglichkeiten in uns sieht als wir selbst. Wohl kaum verlangen wir je von einem anderen Menschen, überhaupt kein Potenzial in uns zu sehen. Im besten Fall eröffnet uns sein Bildnis Perspektiven, die wir zu unseren eigenen machen.

Ich kann mich noch an einen abendlichen Spaziergang mit meiner Freundin im Park erinnern. Wir waren beide jung und hatten kein Geld. Sie blickte hinauf zu den hell erleuchteten Fenstern eines der besten Hotels der Stadt und sagte: »Irgendwann möchte ich da mal mit dir übernachten!«

Natürlich sollte das nicht heute oder morgen sein. Vielleicht dachte sie ja an unsere Hochzeitsnacht. Wenn wir dann, in fünf oder zehn Jahren, vom Fenster aus den Park sehen würden, erschiene uns ihr Spruch bestimmt wie eine wahr gewordene Prophezeiung. Ja, wenn...

Als ich meine Freundin über ihren Traum reden hörte, wusste ich, dass ich sie nicht liebte. Einen anderen hätte die Vision vielleicht beflügelt: »Darling, gib mir nur drei Jahre, ach was, zwei reichen auch. Dann miete ich uns die Präsidenten-Suite, bestelle Champagner in rauen Mengen und verwöhne dich nach Strich und Faden!« Nicht mit mir. Jeder Film, der mit einem Happy End in einer teuren Hotelsuite enden sollte, musste auf mich als Darsteller verzichten.

Jahre später stand ich mit einer anderen Frau vor den Fenstern eines Buchladens. »Ob da irgendwann auch dein Buch liegen wird?«, fragte sie. Von welchem Buch sprach sie? Ich hatte weder eines geschrieben noch vor, es zu tun. Aber von dieser Frau fühlte ich mich geliebt. Nicht nur für das, was ich war, sondern auch für das, was ich noch nicht war, aber – und das ist wichtig! – was ich bald darauf wirklich sein *wollte*. Wäre ich dieser Frau nicht begegnet, gäbe es jetzt dieses Buch nicht.

»Sei, wie du bist!« In diesen Worten eines Liebenden schwingt immer auch der Glaube an die Möglichkeiten des anderen mit, die nur darauf warten, Wirklichkeit zu werden.

Nütze anderen wie dir selbst

Selbstlose Hilfe bedeutet, den leidenden Wesen, gleich ob adlig oder gemein, mit nützlichen Mitteln beizustehen. Dabei musst du sowohl die lang- als auch die kurzfristigen Folgen bedenken. Wenn du eine gefangene Schildkröte

befreist oder einen verletzten Spatzen pflegst, erwartest du
keine Belohnung. Wenn du die Schildkröte oder den Spat-
zen siehst, wirst du spontan zu selbstloser Hilfe bewegt.

Warum fällt es uns leichter, auf der Straße unsere Fahrt
für einen verletzten Igel zu unterbrechen, als einen
anderen Autofahrer vorzulassen und noch einige Minuten länger nach einer Parklücke zu suchen? Dōgen nennt
Schildkröte und Spatz als Beispiele für Wesen, denen
wir spontan helfen würden. Keiner käme dabei auf den
Gedanken, nach einer Belohnung für seine Selbstlosigkeit zu fragen. Gerade weil diese Wesen so schwach und
bedürftig sind, bleibt uns fast nichts anderes übrig, als
uns um sie zu kümmern. Wie schön wäre es doch, würden sich die Menschen gegenseitig auch so unter die
Arme greifen! Stattdessen machen wir unsere Hilfe oft
von taktischen Erwägungen abhängig: Lohnt sich mein
Eingreifen? Springt etwas für mich dabei heraus? Kann
ich Dankbarkeit oder gar Vorteile für mein weiteres
Leben erwarten?

Ein Grund, warum viele ihre Haustiere jedem Mitmenschen vorziehen, liegt in deren Verfügbarkeit. Ein
Haustier ist immer für mich da. Von ihm kann ich Liebe
fordern, so viel ich will. Ich lasse es nie mehr los, auch
wenn es eigentlich etwas ganz anderes braucht, als
Objekt meines Liebesbedürfnisses zu sein. Der Igel, den
ich mit den besten Absichten mitgenommen und gesund
gepflegt habe, wünscht sich zurück in die Natur. Ich will
aber, dass er bei mir bleibt. »Bei mir hat er es doch warm
und bekommt täglich zu essen! Wird er da draußen so

ganz allein überleben können? Und überhaupt: Ich habe ihn doch so lieb!«

So verkehrt sich einst selbstlose Liebe in egoistisches Habenwollen. Aber zur Liebe gehört auch die Fähigkeit, im richtigen Moment loslassen zu können. Der Tierfreund muss den Igel, die Mutter ihre flüggen Kinder und der von Trennungsangst Geplagte seine große Liebe loslassen.

Einfältige Menschen meinen, dass die selbstlose Hilfe, die wir anderen darbringen, unseren eigenen Vorteil reduziere. Das stimmt nicht. Selbstlose Hilfe ist eine ganze Sache. Sie gereicht der Gesamtheit von dir und allen anderen zum Vorteil. Wir hören von Menschen, die dreimal aus der Badewanne stiegen, um anderen zu helfen, und die dieselbe Mahlzeit dreimal unterbrachen, um einem Fremdling den Weg zu erklären. All dies geschah mit dem Geist, anderen von Nutzen zu sein.

Fressen oder gefressen werden. Eine Hand wäscht die andere. Das sind Maximen eines Profitdenkens, das sich um Selbstlosigkeit nicht bekümmert. Für diejenigen, die sie im Munde führen, stellt jemand, dem Geben wichtiger ist als Nehmen, fast schon eine Provokation dar. Etwas kann mit ihm nicht stimmen. Entweder ist er dumm, oder er hat dunkle Hintergedanken.

Dōgen hingegen zeigt, dass Geben und Nehmen untrennbar zusammengehören. Wäre das nicht so, würde der Gewinn des einen tatsächlich immer den Verlust des anderen bedeuten. Wir wissen aber alle, dass es sich nicht so verhält. Wenn sich ein Paar streitet, gibt es da einen Gewinner? Meistens stehen doch am Ende beide Partner als Verlierer da. Es sei denn, sie kehren zusammen die Scherben auf und nehmen sich vor, aus ihren Fehlern zu lernen. Dann haben sie gute Chancen, sich beide als Gewinner zu fühlen.

Die mathematische Spieltheorie befasst sich mit jenen Spielstrategien, die maximalen Erfolg versprechen. Etwa beim sogenannten »Feiglingsspiel«. Hier geht man von einer ziemlich gruseligen Situation aus: Zwei Autofahrer rasen mit voller Geschwindigkeit aufeinander zu. Tritt einer der beiden vor dem Zusammenprall auf die Bremse oder weicht aus, zieht er sich den Spott seines Kontrahenten zu und gilt als Feigling. Weicht keiner aus, gibt es zwei tote Fahrer. Weichen beide aus, zwei Feiglinge.

Ein vernünftiger Mensch würde vermutlich lieber sein Gesicht verlieren als sein Leben. Denken beide Fahrer so, wird sich keiner für seine »Feigheit« schämen müssen. So weit, so gut. Wenn aber einer der beiden Grund hat zur Annahme, der andere sei mindestens ebenso vernünftig wie er selbst und werde deshalb ganz sicher ausweichen, dann muss er selbst ja gar nicht ausweichen und kann sich hinterher als Sieger feiern lassen. Dumm nur, dass der andere ebenso denken könnte. Was also tun?

Bei einer umgekehrten Version des Spiels geht es nicht um Leben oder Tod, sondern um Geld. Zwei Spieler müssen unabhängig voneinander erklären, ob sie miteinander kooperieren wollen oder nicht. Tun sie es, bekommen beide fünfzig Dollar ausgezahlt. Tun sie es nicht, beträgt die Summe für jeden nur noch zehn Dollar. Jetzt kommt die Pointe: Spricht sich nur ein Spieler für eine Kooperation aus, geht er komplett leer aus, während sein Kontrahent sechzig Dollar einstreichen kann.

Man kann sich leicht ausrechnen, dass sich hier Kooperation für beide lohnt. Denn dann bekommen sie zusammen das Maximum von hundert Dollar, und die gemeinsame Kasse ist am Ende nicht nur mit sechzig oder gar nur zwanzig Dollar gefüllt.

Natürlich gilt: Wenn jeder der beiden allein an sich denkt, lohnt sich die Kooperation nicht, die beide in jedem Fall zehn Dollar kosten wird. Entweder weil beide auf Zusammenarbeit setzen und dadurch jeder nur fünfzig Dollar bekommt anstatt jener sechzig, die einer bei verweigerter Kooperation haben könnte. Oder weil einer, wenn der andere nicht kooperiert, immerhin noch zehn Dollar bekommt, anstatt leer auszugehen, wie es der Fall wäre, wenn er sich selbst nicht verweigert hätte. Egal, wie sich der Spielpartner auch entscheidet – Zusammenarbeit scheint sich nicht auszuzahlen. Sind beide Spieler also »klug«, werden sie sich für den Egoismus entscheiden.

In der Praxis läuft es glücklicherweise anders. Experimente haben ergeben, dass sich ein Großteil der Teilnehmer durchaus kooperationswillig zeigt. Und das umso mehr, wenn öfter gespielt wird und nicht nur ein einziges Mal wie im Beispiel mit den Autofahrern. Spielrunde um Spielrunde erkennen die Spieler dann immer deutlicher, dass sich Vertrauen lohnt und sie beide durch Kooperation auf lange Sicht nur gewinnen können.

Das lässt sich ganz nüchtern belegen. Findet eine Partie zehn Mal statt, jeweils bei nicht erfolgender Kooperation, gehen beide Spieler am Ende mit jeweils hundert Dollar nach Hause. Entschließen sie sich aber von Anfang an zur Zusammenarbeit, werden sie letztlich um fünfhundert Dollar reicher sein. Entscheiden sie sich mal so, mal so, beträgt der Gewinn am Ende ungefähr dreihundert Dollar. Das bedeutet, dass ein Spieler nicht einmal das Wohl des anderen im Sinn haben muss, um gute Gründe dafür zu haben, sich zur Kooperation zu entschließen.

Du solltest darum Freund und Feind auf gleiche Weise zu Hilfe kommen. Nütze anderen wie dir selbst. Wenn du dir diesen Geist zu eigen machst, wird das ununterbrochene Wirken selbstloser Hilfe sogar der Bäume, der Gräser, des Winds und des Wassers untereinander von ganz allein in Bewegung gesetzt. Reihe dich ein in das Bemühen, den Bedürftigen zu Hilfe zu kommen.

In meinem Kloster Antaiji werde ich täglich Zeuge von Kooperation. Weil wir uns selbst versorgen, müssen wir uns alle gegenseitig unterstützen. Dabei ermahnen wir uns, nie zu vergessen, dass die Arbeit, die wir im Wald und auf den Feldern verrichten, nichts ist im Vergleich zu dem, was Himmel und Erde, Sonne, Regen und Wind für uns tun. Durch das Bestellen der Felder geben wir nur einen kleinen Teil der Kraft zurück, die wir von der Natur empfangen haben.

Auch die Almosen, die ich beim Betteln auf der

Straße erhalte, und die Spenden über das Internet erinnern mich daran, dass unsere Klosterpraxis nicht möglich wäre ohne das »ununterbrochene Wirken selbstloser Hilfe«, das unser Universum erfüllt. Einige unserer deutschen Wohltäter denken pragmatisch und wollen wissen, ob sie in Deutschland ihre Spende für das Kloster von der Steuer absetzen können. Mein abschlägiger Bescheid hat einen von ihnen einmal auf eine vermeintlich gute Idee gebracht: Warum nicht einen Förderverein für Antaiji gründen und ihn in Deutschland als gemeinnützigen Verein eintragen?

Ob den gründungswilligen Spender meine Antwort befriedigt hat? Ich schrieb zurück: »Haben Sie vielen Dank für Ihre mühevollen Recherchen. Bis zu meinem vierzigsten Lebensjahr habe ich, mangels Einkommen, keine Steuern gezahlt. In Deutschland kam ich in den Genuss einer kostenlosen Ausbildung, in Japan zahlte ich lange Zeit reduzierte Krankenversicherungsbeiträge. Das hierzulande übliche Schulgeld für die Kinder wurde mir sogar ganz erlassen. Erst seit einigen Jahren führt der Erlös aus meinen Büchern dazu, dass ich Steuern zahlen muss – oder Steuern zahlen *darf*, wie ich wohl besser sagen sollte. Denn auch wenn der Staat die eingenommenen Gelder nicht immer für Zwecke verwendet, mit denen ich mich identifizieren kann, bin ich doch dankbar für die Unterstützung, die ich bis heute sowohl vom deutschen als auch vom japanischen Staat erhalten habe, und hoffe, in meiner zweiten Lebenshälfte wenigstens einen kleinen Teil davon zurückzahlen zu können. Insofern ist mein Antrieb gering, potenzielle Spender mit einer Steuerbefreiung anzulocken. Denn ich betrachte das Zahlen von Steuern als eine Form des Zurückgebens an die Allgemeinheit.«

Die ganze Welt in einem Tautropfen

Wer harmoniert, macht keine Unterschiede. Gemeint ist Harmonie mit sich selbst und Harmonie mit den anderen. So wie ein Buddha, der mit den Menschen harmoniert. Die Harmonie in der Welt der Menschen lehrt uns, wie Harmonie in den anderen Welten aussieht. Wer harmoniert, ist mit sich selbst und den anderen eins.

In der Regel stellen wir uns vor, dass wir alle – eine Unzahl von Individuen – in einer großen gemeinsamen Welt leben: der Außenwelt. Gleichzeitig trägt aber auch jeder seine ganz eigene Welt in sich, die sogenannte Innenwelt. Über diese Innenwelt lässt sich in der Außenwelt und damit anderen Menschen gegenüber nur unzulänglich Auskunft geben. Kann ich sicher sein, dass die anderen verstehen, was ich meine, wenn ich über mein Inneres Auskunft gebe? Denn mein Inneres lässt sich ja mit nichts in der Außenwelt wirklich vergleichen. Und zur Innenwelt der anderen habe ich keinen Zugang. Ich kann nicht in die anderen hineinschauen und mal eben nachsehen, ob für sie »Liebe«, »Schmerz«, »Eifersucht« oder »Hoffnung« dasselbe bedeuten wie für mich. Lebt also jeder allein in seiner eigenen Welt? Doch wie ist dann so etwas wie Kommunikation überhaupt möglich?

Als Versuch einer Antwort möchte ich ein Gedicht des 2014 im Alter von vierundneunzig Jahren verstorbenen Autors Mado Michio zitieren. Das Gedicht trägt den Titel »Flaschen«, und ich erkenne in ihm eine tiefe religiöse Dimension. Leider kann ich es im Deutschen nicht so kunstvoll wiedergeben, wie es im japanischen Original klingt:

Den Menschen ist die enge Seite wichtig
die sie die »Innenseite« nennen
und mit Sake, Soße und Pillen füllen
kompakt und ordentlich verstaut
so wie es sich für Menschen gehört

Wer weiß, ob für die Flaschenwesen
die weite Seite, die wir die »Außenseite« nennen
in Wirklichkeit nicht die Innenseite ist?

So wie es sich für Flaschenwesen gehört
schließen sie alles ein
direkt unter ihrer Haut:
die Menschen, die Erde, die Milchstraße
und alle Dinge im Universum haben da Platz

Jedes noch so kleine Fläschchen, selbst dieses mit
Augentropfen hier
enthält alles andere
so wie es auch in jeder anderen Flasche
zusammen mit allen anderen sitzt

Das im Deutschen »Blumengirlanden-Schrift« genannte *Avatamsaka-Sūtra* weitet das Modell der Außen- und Innenwelten ins Endlose. Das Universum, heißt es da, sei konstruiert wie ein gigantisches Spinnennetz, in dem sich an jeder Verbindung der Einzelfäden Tautropfen verfangen. Jeder einzelne Tropfen spiegelt das Netz als Ganzes und damit auch alle anderen Tautropfen, in denen er seinerseits als Spiegelung enthalten ist. So enthält sich jeder Tautropfen unzählige Male selbst. Und in den unzähligen Tautropfen, die jeder einzelne Tautropfen spiegelt, spiegelt sich wiederum das ganze Netz. Jede der Innenwelten enthält die ganze Außenwelt mit all ihren Innenwelten, die wiederum jeweils eine ganze Außenwelt enthalten.

Aber es geht noch weiter. Wo befindet sich das Spinnennetz mit den Tautropfen? Könnte es nicht sein, dass es sich dabei ebenfalls um eine Spiegelung handelt, eine in einem viel größeren Tropfen, der wiederum an einem noch *viel, viel* größeren Spinnennetz hängt?

Jetzt, da ich diese Zeilen tippe, bin ich Teil des einen großen Tropfens. Sind Sie, da Sie diese Zeilen lesen, das auch? Leben wir alle in ein und demselben ewigen Moment, der dann wie der Mond wäre, der sich in allen Tropfen widerspiegelt? Und wenn ja, bin ich dann ein Tropfen oder der Mond? Dauert mein Leben ewig, oder entfaltet es sich in diesem einen Moment immer wieder neu? Die Fragen nehmen kein Ende. Am besten, wir hören an dieser Stelle mit dem Spekulieren auf und fangen einfach an zu leben. Oder, besser gesagt, erlauben es dem Leben, sich in uns zu verwirklichen.

In der Praxis geht es um das Verhalten, die Einstellung und den Geist. Du kannst die anderen mit dir selbst in Über-einstimmung bringen, wenn du dich selbst an die anderen anpasst. Du selbst und die anderen folgen dem jeweiligen Augenblick, ohne jeglichen Zwang.

Wir sind alle eins. *We Are The World.* Wie oft hat man derlei schon gehört? Die Kriege werden trotzdem nicht weniger. Allumfassende Harmonie? Weiter entfernt denn je. Aber an *mir* kann das doch nicht liegen? *Ich* versuche ja mein Bestes und ändere mein Verhalten. Die anderen sind es, die nicht mitziehen, stur bleiben und auf Harmonie pfeifen.

Dōgen antwortet darauf mit einem Ratschlag, der vielen möglicherweise wie eine Aufforderung zum Konformismus erscheint: »Pass du dich erst einmal den anderen an, dann werden sich die anderen dir anpassen!«

Natürlich sollte man in Konfliktsituationen nicht immer nachgeben. Manchmal kann es durchaus sinnvoll sein, auf dem eigenen Standpunkt zu beharren, anstatt sich auf einen faulen Kompromiss einzulassen. Aber in den allermeisten Fällen sollte man doch den ersten Schritt tun und Kooperationsbereitschaft signalisieren.

Auch in meinem Kloster kommt es leider immer wieder vor, dass sich zwei Menschen hasserfüllte Blicke zuwerfen. Aber was sage ich da? Allzu lang liegt nämlich auch mein letzter Ehestreit noch nicht zurück. Den man noch einmal *wie* schlichtet? Durch Nachgeben. Einfach mal selbst den Mund halten und dem anderen zuhören. Doch sooft ich auch versuche, genau das meiner Frau zu erklären, es klappt nicht. Sie hört mir einfach nicht zu und ergreift lieber selbst das Wort. Was sie dann sagt? Das weiß ich nicht. Ich habe nicht zugehört.

Und die Moral von der Geschichte? Einmal mehr die alte: Es ist eine Sache, über die Liebe zu reden, eine andere, sie zu leben. Was aber nicht gleich zur Verdammung der Theorie führen soll. Nur weil sich die Praxis schwierig gestaltet, muss das noch lange nicht heißen, dass die Theorie falsch ist.

Es heißt: »Das Meer weist keinen Fluss zurück, deshalb ist es so groß. Der Berg weist kein Staubkorn zurück, deshalb ist er so hoch. Ein weiser Herrscher verachtet keinen Menschen, deshalb ist sein Volk so groß.«

Wisse, dass Harmonie besteht, wenn das Meer keinen Fluss zurückweist. Auch die Flüsse haben die Tugend, das Meer nicht zurückzuweisen. So sammelt sich das Wasser und wird zum Meer, so häuft sich die Erde und wird zum Berg. Jedes Kind weiß es: Das Meer ist so groß, weil das Meer auch das Meer selbst nicht zurückweist. Weil der Berg den Berg nicht zurückweist, wird er zum Berg, wird er so hoch.

Dōgen zitiert hier eine alte chinesische Weisheit, die ich auch als Titel für mein Buch gewählt habe. Das Meer, das keinen Fluss zurückweist, steht für den Geist eines Bodhisattva: Er akzeptiert alles, wie es ist. So wie das Meer für das Wasser da ist, so ist es der Bodhisattva für alle anderen Wesen. Dieser Geist wird im Buddhismus auch der »Geist des Weges« genannt. Im *Tenzo-kyōkun*, den

Anweisungen für den Koch, von denen wir bereits gehört haben, schreibt Dōgen: »Der Koch drückt den Geist des Weges aus, indem er die Ärmel weit hochkrempelt.«

Bloße Lippenbekenntnisse reichen nicht. Den Geist des Weges nur wortreich zu preisen ist zu wenig. Man muss ihn schon in die praktische Tat umsetzen. Wer wüsste das besser als der Koch, dessen Arbeit zu den undankbarsten in einem Zenkloster gehört. Von morgens bis abends steht er allein am Herd, und nach den schweigend verzehrten Mahlzeiten erhält er keinen Dank für seine Mühen.

Trotzdem schreibt Dōgen, der Koch solle sich freuen, in der Küche stehen zu dürfen. Denn genauso gut hätte er ja auch im Himmel (wieder-)geboren werden können. Eine wahrhaft verblüffende Volte. Mit ihr spielt Dōgen auf die sechs Daseinsbereiche an, die nach buddhistischer Lehre für eine Wiedergeburt infrage kommen: die Hölle, die Welt der immer hungrigen Geister, die Tierwelt, die Welt der wütenden Dämonen, die Menschenwelt und schließlich der Himmel. Jeder wird verstehen, dass es eine Erleichterung ist, wenn der Kelch einer der Höllen- oder Dämonenwelten an einem vorübergeht. Aber warum soll man sich darüber freuen, als Mensch in der Küche zu schuften, statt im Himmel zu sein?

Dōgens Antwort: Weil man nur als Mensch nach der Ursache des Leidens fragen kann; nur als Mensch zu erkennen vermag, dass die Akzeptanz des Leidens schon die Befreiung von ihm bedeutet. Zudem kann gerade auch der Koch als Bodhisattva anderen auf ihrem Weg zur Erkenntnis behilflich sein. Nicht nur indem er sie mit

Nahrung versorgt, sondern auch indem er durch seine Arbeit ein lebendiges Beispiel für Praxis gibt.

Nach Dōgen gleicht der Koch einer Mutter, die ihr Kind stillt. Eine Mutter verlangt dafür nichts. Ebenso bedingungslos soll das Wirken des Kochs sein. Fragt er sich, was die anderen für ihn tun können, hat er den Geist des Bodhisattva noch nicht erlangt.

Lässt sich das auf die konkreten Verhältnisse eines Klosters wie Antaiji übertragen? Hier leben erwachsene Menschen zusammen und keine Kleinkinder. Von mir als Abt wird keiner im Ernst erwarten, dass ich mich wie eine Amme um meine Schüler kümmere. Geht er trotzdem davon aus, schreckt ihn hoffentlich der etwas drastisch formulierte Satz ab, den ich auf die Webseite des Klosters gesetzt habe: »Hier muss sich jeder selbst den Hintern abwischen!« Was nichts anderes meint, als dass bei uns im Kloster jeder die Verantwortung für seine Praxis selbst übernehmen muss.

Im *Tenzo-kyōkun* kommt Dōgen auf die Metapher des Meeres zurück. Mit ihr beschreibt er die Weite des Geistes, die ein Koch haben sollte. Das Meer wählt nicht zwischen sauberen und verschmutzten Flüssen. Nur weil es alle Flüsse in sich aufnimmt, wird es zum Meer. Bedeutet das, dass es auch meine Aufgabe als Abt des Klosters ist, jeden so zu akzeptieren, wie er ist?

Ja und nein. Zuallererst ist es meine Aufgabe, ein Beispiel für die Praxis zu geben und dabei möglichst auch andere zur selben Praxis zu motivieren. Bei der Wahl meiner Schüler versuche ich, nicht allzu anspruchsvoll zu sein. Doch wenn einer im Kloster nur einen Rückzugsraum für sich selbst sucht, hat er sich definitiv in der Tür geirrt. Ein Anwärter muss schon bereit sein, alles von sich für den Weg der Praxis zu geben. Ansonsten kann ich ihn nicht als Schüler annehmen. Oder mit den Worten Dōgens: Die Tugend der Flüsse besteht darin, dass sie auch zum Meer werden wollen.

Die Mutter, die ihr Kind stillt, denkt voraus bis zu dem Tag, an dem ihr Kind selbst zu einer liebenden Mutter oder einem liebenden Vater herangewachsen sein wird. Ein Meister, der seine Schüler liebt, hat die Hoffnung, dass sich der eine oder andere aus der Schar seinerseits zu einem Meister entwickeln wird. Der Dienst eines Bodhisattva verläuft nie nur in eine Richtung. Er wird stets begleitet vom Glauben an die Möglichkeit, dass die eigene Praxis in einem anderen den Wunsch wecken könnte, dereinst ebenfalls als Bodhisattva für andere da zu sein.

Indem ein weiser Herrscher keinen Menschen verachtet, formt er sein Volk. Das Volk bedeutet das Reich. Was hier ein weiser Herrscher genannt wird, bedeutet einen Kaiser. Der Kaiser verachtet die Menschen nicht. Dass er die Menschen nicht verachtet, bedeutet aber nicht, dass es keine Belohnungen und keine Strafen gibt. Dass es Belohnungen und Strafen gibt, bedeutet aber nicht, dass die Menschen verachtet werden.

»Alle für einen, einer für alle«, gelobten einander die drei Musketiere. Heute findet sich das Motto sowohl in der Schweizerischen Eidgenossenschaft als auch in der nordkoreanischen Verfassung. Es ist zur Floskel verkommen, doch wir täten gut daran, es noch einmal zu lesen, als wäre es das erste Mal. »Alle für einen, einer für alle« - jedes einzelne Mitglied soll sich so für die Gruppe einsetzen, wie die Gruppe es für jedes einzelne Mitglied tut. Im Idealfall wird dieser Gemeinschaftsgeist getragen vom lebendigen Dialog aller Mitglieder und von der Einigkeit darüber, was jeder Einzelne von der Gruppe erwarten darf und was seine Pflichten als Teil der Gruppe sind. Wie gesagt, im Idealfall.

In der Praxis weiß jedoch mancher nicht recht, was ihm wichtiger sein soll: das, was er selbst für die Gruppe beitragen kann, oder nicht doch eher das, was die Gruppe für ihn zu leisten vermag. Zweifel wie diese lassen jeden Zusammenhalt schnell erodieren. Um das zu verhindern, muss es also doch wieder ein - möglichst demokratisch gewähltes - Oberhaupt geben, das im Namen aller anderen das Wort ergreift und Beschlüsse fasst.

Zu Dōgens Zeiten kannte man die Idee der demokratischen Meinungsfindung aller Bürger eines Landes noch nicht. Der Herrscher über ein Volk unterlag keiner Kontrolle. Deshalb war es umso wichtiger, dass er sich, mehr noch als jeder Untertan, in den Dienst aller stellte. Heute muss ein gewähltes Staatsoberhaupt versuchen, zumindest die Interessen eines großen Teils der Bevölkerung zu vertreten, während der Opposition die Aufgabe zukommt, die Regierung kritisch zu hinterfragen. So funktioniert Demokratie. Leider scheint sie gerade überall auf der Welt drastisch an Anhängern zu verlieren. Der Ruf nach »starken Männern« in der Politik wird wieder lauter, und »Alle für einen, einer für alle« fast zur Drohung. Ob Dōgen heute auch noch von der Weisheit des Alleinherrschers ausgehen würde?

Ein weiser Herrscher verachtet, aus eben seiner Weisheit heraus, keinen Menschen. Menschen bilden stets ein Reich und fordern nach einem weisen Herrscher, doch selten verstehen sie das Prinzip, das einen weisen Herrscher zu einem weisen Herrscher macht. Sie freuen sich, wenn ein weiser Herrscher für sie da ist, aber sie verstehen nicht, dass auch sie den weisen Herrscher annehmen müssen.

In einem Kloster wie *Antaiji* wird der Abt nicht demokratisch gewählt, sondern von seinem Vorgänger bestimmt. Kommt man mit dem Abt nicht zurecht, hat man keine andere Wahl, als das Kloster zu verlassen. Deshalb werden es sich die meisten vor Eintritt gründlich überlegen, ob sie den Abt als Meister respektieren können. Trotzdem höre ich von Schülern gelegentlich: »Am Anfang warst du noch ein guter Meister, aber inzwischen hat sich meine Sichtweise geändert!« Dann erkläre ich geduldig, dass jeder Schüler selbst dafür verantwortlich ist, was er aus seinem Meister macht. Kein Meister ist besser als seine Schüler.

Kann sich ein Abt seine Klostergemeinschaft wählen? Schön wäre das manchmal schon. Aber auch zu einfach. Der Legende nach war einer von Shakyamunis Schülern so töricht, dass er kein einziges Wort der Lehre seines Meisters behalten konnte. Anstatt dem Schüler aber den Laufpass zu geben, drückte ihm der Buddha einen

Besen in die Hand. So aufmerksam wie möglich solle er jeden Tag das Kloster fegen, lautete der Auftrag. Es heißt, dass selbst dieser Schüler eines Tages die Erleuchtung erlangte.

Ein guter Meister wählt seine Schüler nicht. Er versucht, so gut er es eben kann, zu jedem, der zu ihm kommt, eine Lehrbeziehung aufzubauen. Aber ein Schüler lernt nicht nur vom Meister. In einer Klostergemeinschaft treffen die verschiedensten Charaktere aufeinander. Dabei fliegen auch immer wieder die Fetzen. Doch das ist nichts Schlechtes. Nur wenn man sich auch auf die Konflikte wirklich einlässt, kann man lernen, von sich selbst loszulassen und auf den anderen einzugehen. Ein Schüler, der mich darum bittet, einen anderen wegzuschicken, damit er nicht mehr mit ihm in Streit gerate, wird daher bei mir immer auf Granit beißen. Weit davon entfernt, seiner Bitte zu entsprechen, werde ich ihn stattdessen dazu auffordern, selbst seine Koffer zu packen.

Das Prinzip des Sich-Harmonisierens gilt sowohl für weise Herrscher als auch für das törichte Volk, und deshalb ist Harmonie das praktizierte Gelübde von Bodhisattvas. Begegne einfach allen Dingen mit einem sanften Ausdruck im Gesicht.

Jede Form des Daseins für andere enthält alle vier in sich geschlossen, zusammen sind es sechzehn Weisen, auf die ein Bodhisattva für andere da ist.

Das sind die letzten Sätze von Dōgens Text *Bodaisatta-shishōhō*. Das Geben, die Worte der Liebe, die selbstlose Hilfe und die Harmonie, also die vier Weisen eines Bodhisattva, für andere da zu sein, können nicht voneinander getrennt werden. Das Geben geschieht mit einem harmonischen Geist, und die Harmonie zeigt sich im Miteinander von Geben und Empfangen. Das trifft auch auf jede andere der vier Formen zu, für andere da zu sein.

Aber natürlich sind die Möglichkeiten, den Menschen mit Liebe zu begegnen, unendlich. Womit sollen wir beginnen? Dōgen macht es uns leicht: »Begegne einfach allen Dingen mit einem sanften Ausdruck im Gesicht.« Eine Sanftheit, in der sich die Haltung der Liebe zeigt. Für ihre Beschreibung sind nur fünf Worte nötig: Ich bin für dich da.

Durch den Schnee und durch die Jahre: Mein Leben als verheirateter Abt

Love, it's like a hurricane: it happens in Florida,
it destroys everything.

Mathias Korn

Herbst 1993. Nach nur einem Jahr in Kyōto brach ich das Promotionsstudium ab und trat als Mönch dem Kloster Antaiji bei. Ich kam und wollte so schnell nicht wieder gehen. Als ich Antaiji im September 2001 verließ, um meine eigene Meditationsgruppe zu gründen, hatte die Welt gerade ein kollektives Trauma erlitten, von dem sie sich, wie es aussah, nicht so schnell wieder erholen würde.

Ich hätte nach Deutschland zurückkehren können, um dort für die Verbreitung der buddhistischen Lehre zu sorgen. Doch fehlte es nicht auch im japanischen Alltag an lebendiger Zen-Praxis? An diesem Mangel hat sich bis heute nichts geändert. Zwar gibt es über das ganze Land verteilt mehr als 75 000 buddhistische Tempel, deren Zahl damit sogar die der Convenience Stores übertrifft. Anders jedoch als diese rund um die Uhr geöffneten Läden, ohne deren Gemischtwarenangebot jeder Japaner aufgeschmissen wäre, werden die Tempel nur selten besucht. Ausnahmen wie die berühmten, zum Weltkulturerbe zählenden Tempel in Kyōto oder Nara, die Jahr für Jahr Heerscharen von Schulklassen und Touristen anziehen, bestätigen die Regel nur. Dem buddhistischen Tempel in der eigenen Gemeinde wird dagegen nur selten ein Besuch abgestattet, am ehesten noch im Sommer und zur Tag-und-Nacht-Gleiche, wenn die Japaner die Gräber ihrer Ahnen aufsuchen.

Das war der Grund, warum ich beschloss, einen ganz der praktischen Zen-Übung gewidmeten Ort ins Leben zu rufen. Leider waren jedoch die Mieten in Ōsaka unerschwinglich. Ich besaß noch nicht einmal genug Geld, um mir eine winzige Einzimmerwohnung leisten zu können, von einem Raum, in dem ein Dutzend Menschen zusammen meditieren konnten, gar nicht zu reden.

Auf einem meiner Rundgänge durch die Stadt bemerkte ich die vielen Zelte unter den alten Bäumen im zentral gelegenen Schlosspark. Obdachlose kampierten in ihnen, und mir fiel der historische Buddha Shakyamuni ein. Der Legende nach hatte er vor seinem dreißigsten Geburtstag den Palast, in dem er als Prinz geboren worden war, verlassen, um unter Bäumen zu meditieren.

Warum ihn mir nicht zum Vorbild nehmen? Ich baute zwei kleine Zelte im Schlosspark auf. In einem schlief ich, im anderen verstaute ich alles für die Meditation Nötige, also Sitzkissen und Reisstrohmatten. Jeden Morgen pünktlich um Viertel vor sechs breitete ich sie am Rand der Schlossmauer aus. Wochen vergingen, niemand kam. Erst als ich mich mit den Grundlagen des Internets vertraut gemacht hatte und von einem öffentlichen Terminal aus meine eigene, für die Meditation im Schlosspark werbende Website online stellen konnte, tauchten die ersten Interessierten auf.

Unter ihnen war auch Tomomi, eine junge Frau, die abends im *Pig & Whistle*, einer Kneipe im Süden der Stadt, arbeitete. Ihre Schicht endete erst, wenn es schon wieder hell wurde. Da kam sie bei mir vorbei. Nach der Meditation saß ich mit den Teilnehmern, die nicht sofort zur Arbeit oder zur Schule mussten, immer noch eine Weile zusammen. Wir tranken Tee, den ich auf meinem Campingkocher zubereitet hatte. Bei dieser Gelegenheit fragte ich auch Tomomi, warum sie zur Meditation gekommen sei. »Nur so«, antwortete sie erst. Dann erzählte sie doch. Vom Heimfahren mit dem Rad in den frühen Morgenstunden nach einer weiteren Nacht in einer viel zu lauten, viel zu verqualmten Spelunke. Von den Gesichtern der betrunkenen Gäste, die sie manchmal noch stundenlang vor sich sah. Und von der Frage, die sie sich immer häufiger stellte: Was will ich wirklich machen mit meinem Leben? In so einem Moment habe sie sich an die seltsame Anzeige im Internet erinnert: »33-jähriger Deutscher sitzt jeden Morgen ab sechs Uhr im Schlosspark – Gesellschaft gesucht!« Was immer sich auch dahinter verbergen würde, ein Scherz, seltsamer Kult – da der Park ohnehin auf ihrem Heimweg liege, habe sie beschlossen, einfach mal vorbeizuschauen.

Und da war sie nun. Tomomi. Vor einem Jahr hatte sie die Universität abgeschlossen, aber sich wie ihre Bekannten eine feste Anstellung zu suchen, dazu fühlte sie sich noch nicht bereit. Vielleicht würde sie irgendwann einmal nach England gehen, um dort Philosophie oder Geschichte zu studieren. Dafür musste sie aber erst einmal genug Geld zusammenbekommen und ihr Schulenglisch aufpolieren. Für Buddhismus interessierte sie sich eigentlich gar nicht besonders. Aber sie hatte Lust, etwas Neues auszuprobieren.

In Japan gibt es das Zölibat für Mönche nicht. Dieser Aspekt des Zen hatte mir immer schon gefallen. Zwei Wochen nachdem Tomomi zum ersten Mal am Zazen im Park teilgenommen hatte, stellte sie ihren kleinen, mit einem Erdbeermuster verzierten Koffer in die Ecke meines Zeltes. Nach der Arbeit schlief sie sich bei mir aus, und manchmal pendelte sie sogar für mehrere Tage vom Schlosspark zur Kneipe und wieder zurück, ohne zu ihren Eltern nach Hause zu fahren. Wir verbrachten immer mehr Zeit zusammen. Wir besuchten Konzerte und machten Pläne. Irgendwo auf dem Klostergelände von Antaiji hatte ich ein gebrauchtes Motorrad zurückgelassen. Vielleicht würden wir im Frühjahr einen Trip durch die japanischen Alpen unternehmen.

Natürlich wollten wir uns auch am Abend des 14. Februar 2002 sehen. In Japan haben es die Männer am

Valentinstag gut, denn sie müssen ihrer Angebeteten keine Blumen überreichen. Es sind die Frauen, die für die Geschenke zu sorgen haben, in der Regel handelt es sich dabei um Schokolade. Tomomi hatte mir schon zu Weihnachten eine selbst gestrickte Wollmütze versprochen, aber sie war nicht fertig geworden. Wahrscheinlich würde sie es auch nicht zum Valentinstag. Und wenn schon.

Was als romantischer Tag geplant gewesen war, nahm eine dramatische, mein ganzes Leben verändernde Wendung. Am Nachmittag geriet mein Meister aus Antaiji beim Schneeräumen mit dem Bulldozer aus der Spur und verunglückte schwer. Ich musste hinfahren. Das Date mit Tomomi würde ins Wasser fallen. Ich hinterließ ihr eine Nachricht auf dem Anrufbeantworter und machte mich auf den Weg. Als ich nach vier Stunden endlich im Krankenhaus an der Nordwestküste Japans ankam, war mein Meister von den Ärzten bereits für tot erklärt worden.

Fünf Schüler hatte er zu seinen Lebzeiten als mögliche Nachfolger benannt, ich war der einzige Ausländer unter ihnen. Meine älteren Klosterbrüder hatten so wie ich Antaiji bereits verlassen und, im Gegensatz zu mir, Verantwortung für andere Tempel übernommen. Wir kamen nun alle noch einmal zusammen, um die Beerdigungszeremonie abzuhalten. Da mein Meister kein Testament hinterlassen hatte, war es an uns, den neuen Abt von Antaiji zu bestimmen. Auf einmal richteten sich alle Blicke auf mich: »Was ist mit dir? Es sieht ja nicht gerade so aus, als hättest du viel zu tun! Warum passt du nicht bis zum Frühjahr auf das Kloster auf?«

Ich? Meine Gedanken waren ganz woanders. Bei Tomomi. Wir kannten uns gerade einmal knapp zwei Monate, und jetzt sollte ich mich schon wieder von ihr trennen? Konnte ich von ihr verlangen, bis zum Frühjahr auf mich zu warten? Erst eine Woche später hatte ich die Gelegenheit, für eine Nacht nach Ōsaka zurückzukehren und mich mit Tomomi auszusprechen. Als ich beim *Pig & Whistle* ankam, hatte die Kneipe schon geschlossen. Tomomi war mit dem Abwaschen der Gläser beschäftigt. »Ich dachte schon, ich sehe dich nie wieder!«, sagte sie, und wir umarmten uns. Ich hatte keine Blumen mitgebracht und auch keinen Ring, und doch konnte es keinen besseren Moment als diesen für einen Heiratsantrag geben. Tomomi weinte - und nickte.

Am Ende des Winters stand die Entscheidung fest. Ausgerechnet der jüngste und unerfahrenste unter den infrage kommenden Mönchen sollte der nächste Abt von Antaiji werden, und das war nun einmal ich. Es wurde Zeit für Tomomis ersten Besuch im Kloster. Ich hatte ihr alles ganz genau erklärt: Vom Bahnhof aus fuhr der Bus nur dreimal täglich bis zum Fuß des Berges: morgens, mittags und abends. »Wenn du das Kloster vor Einbruch der Dunkelheit erreichen willst, musst du unbedingt den Mittagsbus erwischen!« Das schaffte sie auch, doch das schwerste Stück bergauf hatte sie danach noch vor sich. Immerhin versorgte sie der freundliche Busfahrer mit einigen Tipps: »Pass auf, dass du nicht vom Weg abkommst, vor ein paar Wochen ist da einer mit dem Bulldozer ins Tal gestürzt! Bären soll es auch geben, aber wenn du mit lauter Stimme singst, gehen sie dir schon aus dem Weg!«

Ich spürte Tomomis Wut, als ich sie in Empfang nahm. In der einen Hand hielt sie ihren Erdbeerkoffer, in der anderen einen Einkaufsbeutel, in dem ich Bierdosen und Kartoffelchips erkennen konnte. Weder hatte ich sie an der Bushaltestelle abgeholt noch daran gedacht, ihr zu sagen, dass man sich in den Bergen nicht auf das Funktionieren des Handys verlassen sollte. Sie hatte unzählige Male vergeblich versucht, mich anzurufen. Später, bei Chips und Bier, fragte ich sie noch einmal, ob sie sich ganz sicher sei, ob sie wirklich ihren Job in Ōsaka aufgeben und meine Frau werden wolle. Im Grunde war es schon der zweite Antrag, und wieder einer ohne Ring. Tomomi beantwortete ihn mit einer Gegenfrage: »Vielleicht willst du dir ja aber eine bessere Frau suchen?« Dabei hatte ich doch meine Wahl längst getroffen. Es würde nie eine bessere Frau als Tomomi geben.

»Wie lange hast du jetzt vor, diesen Job zu machen?«, fragte sie. »Mindestens zehn Jahre«, sagte ich und dachte dabei an Uchiyama Rōshi. Uchiyama war 1965 sechster Abt von Antaiji geworden und hatte am ersten Tag erklärt, sein Amt genau ein Jahrzehnt ausüben zu wollen. Ein normaler »Job«, den man irgendwann einfach wieder abschütteln konnte, war es trotzdem nicht, würde es auch nie sein, sondern eher eine Lebensaufgabe.

Tomomi ließ nicht locker. »Und wie lange maximal?«, fragte sie. Das konnte ich ihr nicht genau sagen. Wer sich als Abt zurückziehen wollte, musste zuvor erst unter seinen Schülern einen geeigneten Nachfolger gefunden haben. Uchiyama hatte das Amt nach zehn Jahren an seinen Schüler Watanabe übergeben, der reichte es nach zwölf Jahren an Miyaura Rōshi, meinen Meister, weiter. Und der wiederum war zum Zeitpunkt seines Unfalls schon fünfzehn Jahre Abt gewesen, länger als jeder der Vorgänger. Nach seinem Tod hatten die letzten verbliebenen Laienschüler das Kloster verlassen. Wer konnte schon wissen, wie lange es dauern würde, bis sich wieder eine stabile Klostergemeinschaft gebildet hatte. Deshalb sagte ich zu Tomomi: »Fünfzehn Jahre können schon vergehen, bis ich einen Nachfolger finde.« Ich war dreiunddreißig, Tomomi vierundzwanzig. Eine Entscheidung pro Antaiji würde ihr Leben auf unabsehbare Zeit komplett verändern. Sie werde ihr Bestes versuchen, sagte sie schließlich.

Die ersten Wochen über waren wir allein im Kloster und mussten alle Antaiji-typischen Arbeiten zu zweit erledigen: das Erhitzen des Wassers über dem Holz; das Leeren der Plumpsklo-Tanks und das Düngen der Felder mit ihrem Inhalt. Das Kochen von selbst angebautem Reis und Gemüse, wiederum über Holz, weshalb der Koch am Ende des Tages stets mit pechschwarzen, rußverschmierten Händen aus der Küche kommt. Schließlich das Einkaufen. Auf dem Zettel stehen prinzipiell zwar nur Öl, Zucker und Salz, doch auch das will besorgt sein, und der nächste Supermarkt ist eine Dreiviertelstunde mit dem Auto entfernt. Bestritten wird der Einkauf mit den erbettelten Almosen, denn die Tätigkeit des Abts ist ehrenamtlich und wird nicht bezahlt.

Es waren schwere Tage. Tage, an denen ich meinte, mich auch gegenüber der Frau, die ich liebte, als Abt aufspielen zu müssen. Immer hatte ich etwas zu kritisieren, viel zu schnell fuhr ich aus der Haut. In ihr Tagebuch zeichnete mich Tomomi mit einem kochenden Teekessel auf dem Kopf. Sie sei ins Kloster gekommen, weil sie meiner Liebe vertraut habe, und nicht, um mir in meinen Übungen in Askese zu folgen, sagte sie einmal. Mehr als einmal hielt sie es nicht mehr aus und ergriff die Flucht. Dann fuhr sie zu ihren Eltern nach Ōsaka. Jedes Mal war ich unendlich froh, wenn sie wieder zu mir zurückkam.

Zur besten Erntezeit, an einem sonnigen Oktobermorgen, verspürte Tomomi ganz entgegen ihren Gewohnheiten keinen Appetit. Ein paar Tage später kannten wir den Grund. Sie war schwanger. Offiziell waren wir, wegen der bürokratischen Schwierigkeiten bei einer internationalen Heirat, noch nicht Frau und Mann. Jetzt wurde es Zeit, endlich Nägel mit Köpfen zu machen. Als Tomomi später im Herbst nach einem Besuch bei ihren Eltern zurückkehrte, sagte sie: »Zum ersten Mal habe ich gespürt, dass mein Zuhause nicht mehr in Ōsaka ist, sondern hier bei dir.«

Es muss Tomomis Eltern Überwindung gekostet haben, sie ziehen zu lassen. Wie so viele andere Eltern in Japan hatten auch sie einen Großteil ihres Einkommens für die Erziehung ihres Kindes aufgewendet. Doch nach ihrem Abschluss in Wirtschaft an einer renommierten Privatuniversität hatte Tomomi lange darauf verzichtet, sich eine feste Anstellung zu suchen. Und der Freund, den sie nach Hause mitbrachte, um ihn vorzustellen, war auch noch ein fast zehn Jahre älterer, ausländischer Obdachloser aus dem Schlosspark! Insofern mag meine Berufung zum Abt Tomomis Eltern zwar ein wenig beruhigt haben, doch Sorgen um das Wohlergehen ihrer Tochter machten sie sich sicherlich weiterhin. Wer wollte es ihnen verdenken.

Im Winter hatten wir alle zur Hochzeit nötigen Dokumente beisammen. Nun kaufte ich Tomomi endlich auch einen Ring. Auf meinen verzichtete ich, denn wir mussten sparen. Auch eine Hochzeitsfeier oder gar eine Reise in die Flitterwochen kam nicht infrage. Wir würden im Kloster bleiben. Noch immer waren Tomomi und ich die Einzigen, die sich dauerhaft in Antaiji niedergelassen hatten. Gesellschaft leisteten uns die Globetrotter, die für kurze Zeit blieben und dann weiterzogen. Zwar gaben die meisten von ihnen ihr Bestes, uns bei der anfallenden Arbeit behilflich zu sein, aber weil ihnen die Erfahrung fehlte, erleichterten sie uns das Leben kaum.

Unsere Tochter Hanna wurde im Juni 2003 geboren. Viele Japanerinnen kehren aus ganz pragmatischen Gründen für die Geburt ihrer Kinder zurück ins Elternhaus. Nach der Entbindung kann sich die frischgebackene Oma um das Neugeborene kümmern, was der Mutter erlaubt, sich von den Strapazen der Schwangerschaft zu erholen. Ich wollte aber nicht, dass unsere Tochter eine Tagesreise vom Kloster entfernt zur Welt kam. Also versprach ich Tomomi, während der Geburt bei ihr zu sein und mich auch nach der Rückkehr aus dem Krankenhaus um sie und die Kleine zu kümmern.

Schneller als gedacht wurde es ernst, und zwar mitten während des monatlichen *Sesshins*, also während der fünf Tage intensiver Meditation, an denen von morgens vier bis abends um neun reglos vor einer Wand gesessen wird. Dabei fühlt man sich manchmal, als würde man gleich vor Schmerzen sterben. Am dritten Tag ist es meistens am schlimmsten. Das kündige ich den Gästen im Kloster vor dem *Sesshin* auch an: »Am ersten Tag wird es euch schlecht gehen. Der zweite Tag ist die Hölle. Und am dritten Tag werdet ihr sterben. Aber macht euch keine Sorgen: Wir haben viel Platz auf dem Friedhof!« Hinter den markigen Sprüchen verbirgt sich natürlich ein Anliegen. Ich versuche, die Meditierenden an den Punkt heranzuführen, an dem sie keine andere Wahl mehr haben, als alles loszulassen, selbst ihr eigenes Leben.

Und was macht der Abt peinlicherweise ausgerechnet am dritten Tag? Er lässt auch los, aber das *Sesshin*, denn er nimmt sich frei und fährt seine Frau ins Krankenhaus! Und dort wartet er dann tapfer bis zum frühen Morgen, zumindest wenn ihn nicht die Müdigkeit übermannt. Noch heute wirft mir Tomomi gelegentlich vor, dass ich in den langen Stunden ihrer Wehen friedlich neben ihr geschnarcht hätte. Aber dann kam Hanna, und alles war neu und perfekt und wunderschön. Hanna schaffte es sogar, so rechtzeitig auf die Welt zu kommen, dass ich noch das Ende des *Sesshin* erwischte. Sie musste geahnt haben, dass, zumindest damals, ein *Sesshin* ohne den Abt undenkbar war. Nicht nur weil ich die Leitung der Meditation zu übernehmen hatte, sondern auch weil ich als Einziger darüber Bescheid wusste, wo man etwas in der Küche finden konnte, was bei einem Stromausfall zu tun war und wie man einen Notarztwagen herbeirief.

Nach sechs Tagen wurde Tomomi aus dem Krankenhaus entlassen. Ich hatte ihr versprochen, dass sie sich nicht um die Küche kümmern musste. Das würden unsere Globetrotter-Gäste übernehmen. Wie immer zu dieser Jahreszeit trugen die Ölweiden reiche, wie wilde Kirschen schmeckende Früchte, die in Japan *Gumi* genannt werden. Ich brachte Tomomi eine ganze Schale davon, dazu servierte ich das Gericht eines der Gästeköche. Er hatte es gut gemeint, aber vollkommen danebengegriffen. Der Reis war angebrannt, die Kartoffeln nicht gar, und in der Suppe fehlte das Salz. Binnen weniger Tage stand Tomomi wieder in der Küche, Hanna trug sie dabei auf dem Rücken. Ich kümmerte mich um die anderen Arbeiten. Vom japanischen Staat erhielten wir knapp vierzig Euro Kindergeld im Monat. Das reichte nicht für Papierwindeln. Vorsorglich hatte Tomomi bereits einige Wochen zuvor Stoffwindeln genäht, die sie nun von Hand auswusch.

Jeder, der nach Antaiji kam, musste sich nützlich machen. Im Herbst zogen sich die Arbeiten oft bis spät in den Abend hinein, egal ob es regnete oder bald auch schon schneite. Nicht immer ging alles glimpflich ab. Einer sägte beim Bau einer Scheune den Balken ab, auf den er sein Bein gestützt hatte, und fiel kopfüber zu Boden. Ein anderer schnitt sich mit der Motorsäge in den Oberschenkel, verfehlte aber zum Glück den Knochen. Wieder ein anderer überlebte nur äußerst knapp einen Herzinfarkt. Und noch ein anderer vergaß vor dem Öffnen des Hochdrucktopfs, den Druck abzulassen. Der Deckel segelte zwar haarscharf an seinem Kopf vorbei, doch die umherfliegenden Sojabohnen verbrannten ihm den ganzen Oberkörper, und er musste eine Woche auf der Intensivstation verbringen. Fast gewöhnte ich mich daran, die Verletzten ins Krankenhaus zu bringen, dort als Dolmetscher zu agieren und Bürgschaften für meine lädierten Schützlinge zu unterschreiben.

Doch ich selbst kam ebenfalls nicht ungeschoren davon. Knapp zehn Jahre nach dem Unglück meines Meisters kam auch ich beim Schneeräumen mit dem Bulldozer von der Straße ab. Für den Bruchteil einer Sekunde hatte ich schon Frieden mit Gott und der Welt geschlossen, hatte mein Schicksal akzeptiert, als ich doch noch an einem Baum hängen blieb. Ein anderes Mal arbeitete ich in der Dämmerung noch mit dem Schaufelbagger am Rand des Reisfelds, als sich der Rest der Gemeinschaft bereits ins Haus verzogen hatte. Niemand war auch nur in der Nähe, als ich durch eine Unachtsamkeit beim Rotieren des Schaufelarms den Bagger zum Kippen brachte und im Schlamm des Reisfelds zu versinken drohte. Nur mit sehr viel Glück gelang es mir, mich mit verstauchtem Fuß aus dem Fahrerhaus zu befreien und aus dem Fenster zu klettern.

Seit dem Unfall meines Meisters ist es in Antaiji zu keinen weiteren Todesfällen gekommen. Ich weiß nicht, ob wir das höheren Mächten zu verdanken haben. Vielleicht hat es auch ganz einfach mit Tomomis Umsicht zu tun. Wenn sie am Morgen ein gar zu ungutes Gefühl im Bauch verspürt, versteckt sie sämtliche Schlüssel der Schwermaschinen vor mir und rückt sie so lange nicht heraus, bis sie dem Schicksal wieder über den Weg traut.

In dieser ganzen Zeit waren meine Augen ausschließlich auf das Kloster gerichtet. Tomomi wünschte sich so sehr, ich möge ihr und der kleinen Hanna ein wenig mehr zur Seite stehen. Aber ihr Wunsch erreichte mich gar nicht. Stattdessen erklärte ich ihr, dass jeder im Kloster nun mal alles von sich geben müsse. Ich war blind, denn ich sah nicht, dass Tomomi bereits sehr viel mehr von sich gab als ich von mir. Das änderte sich auch nach der Geburt unseres Sohnes Kay im nächsten Jahr nicht. Sodass mich Tomomi eines Tages mit ernster Miene fragte: »Was ist dir wichtiger, ich oder Antaiji?« Die Antwort, die ich ihr damals gab, nimmt mir Tomomi heute noch übel. Mit Recht.

Sogar von Scheidung sprach sie einmal. Das entsprechende Formular hatte sie bereits unterschrieben und legte es vor mir auf den Tisch. Warum ich mich nicht von ihr trennen wolle, fragte sie. Weil eine Ehe für mich wie ein lebenslanges *Sesshin* sei, sagte ich.

Wie oft hatte ich anderen schon gesagt, dass sie bereit sein mussten, für Zen auch Schmerzen zu ertragen? Schafften sie es aber, loszulassen und von ihrem Ich abzusehen, würden sie spüren, dass alles, wonach sie verlangten, bereits vorhanden war, dass überhaupt nichts fehlte. Natürlich klappt das auf dem Sitzkissen leichter als im Ehealltag. Der Partner und die Kinder werden sich etwas anderes wünschen als eine auf Dauer gestellte Prüfung der eigenen Leidensfähigkeit.

Als Abt mit Familie sitze ich fast automatisch zwischen allen Stühlen. Mein Wunsch ist es, für Tomomi und die Kinder da zu sein, gleichzeitig ist es aber auch meine Aufgabe, ein Beispiel für Zen-Praxis im Kloster zu geben, und diese Aufgabe bedeutet mir ebenfalls viel. In den buddhistischen Schriften heißt es, ein Bodhisattva solle sich aller Wesen so annehmen, als seien es seine eigenen Kinder. Aber liebt er die eigenen Kinder am Ende nicht doch ein Stückchen mehr? Ich glaube schon, denn das liegt wohl in der Natur des Menschen. Doch ebenso glaube ich, dass die Liebe eines Bodhisattva einen Kreis bildet. Wenn die eigene Familie sich in der Mitte des Kreises befindet, ist das kein Grund, sich deswegen schlecht oder ichbezogen zu fühlen. Nur sollte man nie aufhören zu versuchen, den Kreis seiner Liebe nach und nach weiter auszudehnen, sodass auch andere, einem nicht so nahe stehende Wesen in ihm Platz finden können.

In meiner ersten Zeit als Abt ließ ich die Klosterbewohner selbst entscheiden, ob sie untereinander Beziehungen eingehen wollten oder nicht. Da die meisten von ihnen ohnehin das weltliche Leben bewusst hinter sich gelassen hatten, um für eine gewisse Zeit in der Abgeschiedenheit der Berge zu meditieren, kamen solche Beziehungen recht selten vor. Dennoch geschah es natürlich, dass zwei, die sich in der Teepause augenscheinlich sehr gut verstanden hatten, auch nach der Arbeit noch ungeahnten Fleiß entwickelten. Auf einmal war es den beiden extrem wichtig, in der Scheune noch einen platten Reifen zu reparieren oder nachzusehen, ob das Werkzeug noch am richtigen Platz lag. Die anderen durchschauten das Spiel natürlich sofort. Manche störte es nicht weiter, andere nahmen Anstoß an der Turtelei. Ich enthielt mich der Stimme. Wie hätte ich als verheirateter Mann auch ein Machtwort sprechen können? Wäre es nicht scheinheilig gewesen, Beziehungen im Kloster zu verbieten? Doch als es zu den ersten Eifersuchtsdramen und sogar zu nächtlichen Fluchtversuchen von unglücklich Verliebten kam, wurden die Rufe nach einem generellen Abstinenzgebot immer lauter. Es ging einfach nicht mehr anders.

Nonnen und Mönche sind keine asexuellen Wesen. Trotzdem galt von da an die eiserne Regel: Keine Beziehungen in Antaiji. In einer derart engen Gemeinschaft, wie sie in einem Kloster nun einmal besteht, beeinflusst jede Liebesbeziehung die Gruppendynamik. Die Verliebten sind so mit sich selbst beschäftigt, dass sie die Praxis der Gemeinschaft aus den Augen verlieren. Sie spiegeln sich nur noch wechselseitig und sehen nicht mehr mit den anderen Klosterbewohnern in dieselbe Richtung. Kommt es dann zu ersten Unstimmigkeiten in der Beziehung, haben sie sich innerlich schon so weit von der Gemeinschaft entfernt, dass es oft keine andere Lösung für sie gibt, als das Kloster zu verlassen.

Vor ungefähr zehn Jahren lud ich die gesamte Klostergemeinschaft ein, mich zum Betteln nach Ōsaka zu begleiten. Wir stiegen in einer der billigen Herbergen im Süden der Stadt ab, in denen früher nur Tagelöhner und Kleinganoven übernachtet hatten. Unter meinen Schülern befand sich auch Ruth, eine australische Nonne. Sie war knapp zwei Jahre zuvor zu uns gekommen. Nun unterlief ihr in Ōsaka ein Missgeschick. In der zum Ersticken vollen U-Bahn verpasste sie den Ausstieg am Bahnhof. Zwar sprach sie nur wenig Japanisch, dennoch machte ich mir um sie keine Sorgen. Ruth würde den Weg zu unserer Absteige schon finden. Und tatsächlich trudelte sie nur eine gute Viertelstunde nach dem Rest der Gruppe in der Herberge ein. Allerdings war sie außer sich vor Wut. Sie konnte nicht verstehen, warum ich nicht alle Hebel in Bewegung gesetzt hatte, um sie zu suchen.

Meinte sie das ernst? Ruth war doch eine erwachsene Frau, vom Alter her hätte sie meine Mutter sein können. Wie erwartet war doch auch alles gutgegangen. Hätte ich im ganzen U-Bahn-Netz nach ihr Ausschau halten sollen? Das nun nicht, sagte Ruth, aber das Mindeste wäre es doch gewesen, die Polizei zu rufen. Und dann setzte sie noch einen Satz hinzu, bei dem mir die Spucke wegblieb: »Deine Kinder behandelst du ganz anders als mich, die hättest du bestimmt nicht alleine zurückgelassen!« Damit hatte sie recht. Aber Hanna und Kay waren auch noch klein. Wollte Ruth wirklich von mir wie ein Kindergartenkind behandelt werden?

Die Klostergemeinschaft nimmt jeden Neuling unter ihre Fittiche. So vieles muss ihm erläutert werden. Wo er seine Schuhe abzustellen hat und wo er sich schlafen legen kann. Was es mit den komplizierten Tischregeln auf sich hat und wie er sich die verschiedensten Grußformeln am leichtesten einprägen kann. Den Ausländern wird sogar gezeigt, wie die japanischen Toiletten benutzt werden und welche Benimmregeln im Bad üblich sind. Über fehlende Aufmerksamkeit seitens der älteren Schüler und des Abtes wird sich also keiner beklagen können; eher manchmal über ein Zuviel an Regeln, Ermahnungen, Korrekturen.

Nach ein oder zwei Monaten beginnt dann der Küchendienst. Heißt der Neuling nicht gerade Bruno, sorgt das erste selbstständige Kochen in der Regel für Frustration, denn mit Kritik am Essen wird seitens der Gemeinschaft nicht gespart. Ob sie konstruktiv ausfällt oder eher nicht, hängt dabei ganz von der Laune der alteingesessenen Bewohner ab. Manche haben auch nach Jahren noch mit ihren inneren Dämonen zu kämpfen und lassen das die Neuankömmlinge auch spüren, die oft gar nicht verstehen, wofür genau sie denn nun kritisiert werden. Zum Glück werden sie aber in der Gemeinschaft immer einen finden, der ihnen zuhört und zur Seite steht, weil er die eigenen Startschwierigkeiten zu Beginn der Klosterzeit nicht vergessen hat.

Im ersten Jahr ist alles neu. »Tut dir auch der Rücken weh?«, wird man nach dem Reispflanzen im Mai gefragt. Noch sagt keiner etwas, wenn man das Mähen in der Sommerhitze kurz unterbricht, um im Schatten einen Schluck Wasser zu trinken. Die Verantwortung für die wirklich wichtigen Dinge – das Bestellen der Felder, die Organisation der Küche oder die Verwaltung der Finanzen – liegt noch in den Händen anderer. Leider bemerkt kaum einer der Neulinge, dass er für diese Sonderbehandlung eigentlich dankbar sein müsste. Stattdessen wähnt er sich zurückgesetzt und ärgert sich insgeheim darüber.

Spätestens im zweiten Jahr ist jede Rücksichtnahme

Geschichte. Wer eben noch selbst ganz am Anfang stand, soll nun den Neuen ein Beispiel geben, ihnen alles erklären und sie notfalls auch korrigieren, wenn sie Fehler machen. Kommt er seinen Anleiterpflichten nicht nach, wird ihn der Abt mit Sicherheit darauf hinweisen: »Wie kommt es, dass die Neuzugänge noch immer nicht wissen, wie man eine Miso-Suppe zubereitet? Hast du es ihnen denn nicht erklärt?«

Mir ging es als Antaiji-Novize nicht anders. Obwohl ich bei der Verrichtung vieler Aufgaben noch keinerlei Routine entwickelt hatte, musste ich doch anderen schon das Trennen des Mülls oder das Melken der Ziegen beibringen. Der Abt, der bis dahin immer ein offenes Ohr für meine Fragen gehabt hatte, schien mir auf einmal aus dem Weg zu gehen und sich nur noch mit den Neuen abzugeben. In so einer Situation fühlt man sich wie ein Kind, das plötzlich mit einem kleinen Bruder oder einer kleinen Schwester um die Aufmerksamkeit der Eltern konkurrieren muss und glaubt, dabei immer nur zu verlieren.

Wer einem Kloster beitritt, muss sich deshalb immer wieder selbst daran erinnern, dass er der Kinderzeit lange schon entwachsen ist. Ich kann für meine Schüler nicht den Ersatzvater spielen und sie vor jeder unliebsamen Erfahrung bewahren – von denen eine kurze U-Bahn-Irrfahrt noch eine der harmlosesten ist.

Natürlich gehört es zu meinen Aufgaben als Bodhisattva, mein Leben mit den Menschen zu teilen, die zu mir ins Kloster kommen. Aber die Verantwortung für sein Leben kann ich niemandem abnehmen und will es auch gar nicht, denn jeder Klosterbewohner soll ja als Bodhisattva selbst irgendwann einmal für andere da sein.

Im Sommer 2011 wurde Tomomi zum dritten Mal schwanger. Taku, unser zweiter Sohn, sollte Ende Februar 2012 auf die Welt kommen. Tomomi und die Kinder lebten jedes Jahr vom Frühling bis zum Herbst mit mir im Kloster, unsere Zimmer lagen etwas abseits von denen der anderen Bewohner. Im Winter allerdings mussten wir uns trennen, denn von Dezember bis Ende März war die Straße wegen der massiven Schneefälle für Autos nicht zu passieren. Daher blieben Tomomi und die Kinder in dieser Zeit unten im Dorf. Eigentlich gar keine so große Entfernung, doch im Winter brauchen, je nach Schneelage, selbst durchtrainierte Klosterbewohner mit modernster alpiner Ausrüstung drei bis vier Stunden für den Abstieg bis zur nächsten Bushaltestelle, dazu kommt die Gefahr, auf dem Weg von einer Lawine überrascht zu werden.

Ich stand vor einem Dilemma. Natürlich wollte ich auch dieses Mal bei der Geburt an Tomomis Seite sein und ansonsten dafür sorgen, dass es Hanna und Kay gutging. Andererseits konnte ich aber auch das Kloster nicht den ganzen Winter über meinen noch unerfahrenen Schülern überlassen. Im Durchschnitt fallen bei uns in den Bergen um die zwei Meter Schnee. Schon Ende November errichten wir daher vorsorglich Barrikaden aus Bambus vor den Türen und Fenstern des Erdgeschosses und bauen so unser eigenes Iglu, das man zur Not aber noch durch die Fenster im zweiten Stock verlassen kann.

Im Winter 2011 hörte es jedoch gar nicht mehr auf zu schneien. Selbst unten im Dorf, bei Tomomi und den Kindern, fielen schon zwei Meter. Ohne tägliches Schneeschaufeln ging gar nichts mehr. Hanna und Kay mussten morgens vor der Schule erst einmal ihrer hochschwangeren Mutter dabei helfen, den Weg von der Haustür bis zur Straße freizuräumen. Im Kloster erreichte der Schnee währenddessen an einigen Stellen schon das Dach, und die Holzpfeiler seufzten und ächzten, als wollten sie jeden Moment nachgeben. Mit dem Schaufelbagger versuchte ich, der Schneemassen Herr zu werden, um ein Brechen der Fenster oder gar das Einstürzen des Dachs zu verhindern. Wenn Tomomi anrief und mich bat, ihr im Dorf zu helfen, blieb mir nichts anderes übrig, als sie um etwas Geduld zu bitten. Ich fühlte mich auch dem Kloster und meinen Schülern verpflichtet.

Tomomis Schwangerschaft verlief ohne Komplikationen. Zwar sei der Fötus verhältnismäßig klein, hatte uns der Arzt am Ende des Herbstes mitgeteilt, aber es bestehe kein Anlass, sich deswegen Sorgen zu machen. Er legte uns nur die vierzehntäglichen Routineuntersuchungen im Krankenhaus ans Herz. Leider konnte Tomomi sie wegen des heftigen Wintereinbruchs nicht wahrnehmen. Obwohl sie mittlerweile den Führerschein besaß, verbot sich schon der Gedanke an eine Fahrt von fünfzig Kilometern auf völlig vereister Straße. Es werde schon alles gutgehen, so wie bei Hanna und Kay auch, sagte ich ihr und mir selbst, als ich sie wieder einmal am Telefon vertröstete. Ich meinte, das Richtige zu tun, aber alles, was ich tat, war, meine Frau im Stich zu lassen, als sie mich dringend brauchte.

Tomomi wurde wütend und legte einfach auf. Ich rief sofort zurück, aber ich erreichte sie nicht mehr. Sie musste das Kabel aus der Wand gezogen haben. Auch am nächsten und übernächsten Tag ging sie nicht ans Telefon. Ich versuchte, mich selbst zu beruhigen, zumal Anfang Februar wieder fünf Tage *Sesshin* angesagt waren. Alles loslassen. Auch wenn die Welt rings um mich gerade im Weiß versank. Mein Meister war zehn Jahre zuvor im Schnee gestorben. Wenn es mir genauso ergehen sollte, dann war ich dazu bereit. Es würde mir eine Ehre sein. Tomomi und die Kinder, dachte ich, würden zur Not auch ohne mich zurechtkommen. Was für ein Unsinn.

Unmittelbar nach dem *Sesshin* klingelte das Telefon. Tomomis Arzt rief an. »Es geht um Ihre Frau...«, sagte er. Erst allmählich begriff ich, was vorgefallen war. Irgendwie hatte es Tomomi doch zur Untersuchung ins Krankenhaus geschafft, und es war festgestellt worden, dass das Baby in ihrem Bauch nicht genug Nahrung erhielt. Wenn nicht gleich ein Kaiserschnitt durchgeführt würde, sagte der Arzt, sei das Leben des Kindes in Gefahr. Für genaue Erklärungen hatte er keine Zeit. Tomomi werde sofort notoperiert.

Draußen lag meterhoch der Schnee, doch ich musste den Berg hinunterkommen, egal wie. Hanna und Kay mussten von der Schule abgeholt werden. Von dort fuhren wir weiter zum Krankenhaus, mit dem Bus, mit dem Zug, mit dem Taxi.

Als ich zu Tomomi kam, war sie gerade aus der Narkose aufgewacht. Was konnte ich ihr sagen? Wie sollte ich mich bei ihr entschuldigen? Taku lag in einem Brutkasten auf der Intensivstation für Frühchen, der Arzt führte mich zu ihm. Tomomi blieb im Bett zurück, sie durfte sich noch nicht bewegen. Takus Gesicht war unter einer Maske versteckt, sein Körper mit Schläuchen und Kabeln an die verschiedensten Apparaturen angeschlossen. Ständig piepste es irgendwo im Raum. Warnlichter blinkten. Krankenpfleger liefen eilig zwischen den Kästen hin und her. Takus Lungen seien unterentwickelt, erklärte der Arzt. Irgendwo in seinem Kopf habe es eine geringfügige Blutung gegeben. Das Blut gerinne nur schwer, weshalb Taku in regelmäßigen Abständen ein Medikament verabreicht bekomme. Spätfolgen seien unwahrscheinlich, aber nicht auszuschließen. Dann legte mir der Arzt mehrere Dokumente zur Unterschrift vor. Sie sollten ihn und das Krankenhaus von jeglicher Haftung befreien. Tomomi hatte bereits unterschrieben, ohne Taku überhaupt gesehen zu haben.

Hanna und Kay hatten lange im Wartezimmer ausharren müssen. Auf der Digitalkamera zeigte ich ihnen die Bilder, die ich von ihrem Bruder gemacht hatte. Taku war wegen der vielen Kabel und medizinischen Geräte kaum zu erkennen. »Geht es ihm gut?«, wollten sie wissen. Ich nickte, dabei hatte ich selbst kaum verstanden, was der Arzt mir erklärt hatte. Taku müsse sich erst einmal noch im Krankenhaus erholen, sagte ich. Doch dann, bald schon, würden wir ihn nach Hause holen, zu uns, zu seiner Familie.

In den letzten Jahren werde ich in Japan häufiger zu Vorträgen eingeladen. Ich erzähle von meiner ersten Begegnung mit Zazen, von meinen Lehrjahren als Mönch und wie ich schließlich zum Abt von Antaiji wurde. Auch meine Zeit als Obdachloser und die Heirat mit Tomomi lasse ich nicht unerwähnt und zeige dabei ein Foto: Tomomi und ich im Park, ihre leuchtenden Augen ganz auf mich gerichtet. »Damals war sie noch so ein süßes Mäuschen, aber heute...«, sage ich dann immer und klicke weiter zum nächsten Bild, das im Frühjahr 2012, kurz nach Takus Geburt, entstanden ist. Auf ihm hebt Tomomi drohend die Faust gegen mich, während in meinem deutlich lädierten Gesicht die nackte Angst steht.

Ein Schnappschuss der eher rustikalen Sorte. Er verdankte sich der zupackenden Art eines Novizen, der mir bei der Arbeit versehentlich mit dem Holzhammer einen kräftigen Schlag aufs Auge verpasst hatte. Die Wunde auf der Stirn musste im Krankenhaus genäht werden, und für einige Wochen lief ich als Preisboxer herum, der seinen letzten Kampf durch gloriosen K. o. verloren hat. »Betreiben Sie Kampfsport?«, fragte mich denn auch der Reporter eines deutschen Fernsehsenders, der eigens in die Berge gekommen war, um mich zum Thema »Zen in der Gartenkunst« zu interviewen. Offensichtlich konnte er sich nicht vorstellen, dass der Alltag in einem Kloster deutlich turbulenter verlaufen kann, als es ein gepflegter Moosgarten vermuten lässt. »Ach nein, das war nur eine Meinungsverschiedenheit mit meiner Frau«, antwortete ich ihm und verzog dabei keine Miene. Bis heute fürchte ich, dass er mir geglaubt hat.

Tomomi und ich nutzten meine Versehrtheit, um das erwähnte Foto zu schießen. Es garantiert bei meinen Vorträgen regelmäßig einige Lacher, denn anders als der Mann vom Fernsehen verstehen die Zuhörer die Ironie, die hinter dem Bild steckt. Kommt es nach dem Vortrag noch zu einem Gespräch mit dem Publikum, bekomme ich immer wieder zu hören: »Sie wissen gar nicht, wie glücklich Sie sich schätzen können, so eine Frau gefunden zu haben!«

Doch das weiß ich. Ich habe lange für diese Erkenntnis gebraucht, fast zu lange, aber nun bin ich mir im Klaren darüber, welch großes Glück Tomomi für mich bedeutet. Nur garantiert diese Erkenntnis allein noch keine anhaltende Liebe. Dass ich Tomomi liebe, werde ich erst von mir behaupten dürfen, wenn auch sie glücklich darüber ist, mich gefunden zu haben. Oder ist sie das vielleicht schon? Gleich nachher werde ich sie fragen.

Die Zeit wartet auf niemanden

Mit zunehmendem Alter scheinen die Jahre immer schneller zu vergehen. Als hätte jemand die Vorspul-taste des Lebens gedrückt und vergessen, sie wieder los-zulassen. Seltsam nur, dass mein Atem nicht schneller geht als vor zehn, zwanzig oder dreißig Jahren. Wenn ich nicht zurückschaue, sondern mich nur auf den gegen-wärtigen Moment konzentriere, scheint sich überhaupt nichts verändert zu haben. Bin ich ein anderer als der, der ich früher einmal war?

Jedes Jahr dieselben Blüten
Jedes Jahr andere Menschen

So lautet ein alter chinesischer Spruch, der viele Asiaten an die Vergänglichkeit des Lebens erinnert. Der chinesi-sche Jahresanfang fällt meist in den Februar, wenn die Aprikosenbäume zu blühen beginnen. Der Reihe nach erfreuen dann die Pfirsich-, Pflaumen- und schließlich die Kirschbäume die Menschen mit ihren Blüten. Nehmen die Jahreszeiten ihren gewohnten Lauf, kann man leicht vergessen, dass man selbst dem Tod mit jedem Tag, der vergeht, ein Stückchen näher kommt. Vielleicht erscheinen uns auch deshalb die Jahre mehr und mehr wie im Flug zu vergehen, weil sie uns immer kostbarer werden.

Aber der Spruch sagt eben nur die halbe Wahrheit. Es sind nicht jedes Jahr »dieselben Blüten«. Sie sind ebenso einmalig wie wir Menschen. Nur dem, der nicht genau genug achtgibt, erscheinen sie austauschbar. Die Kirschblüten im Frühling und das Ahornlaub im Herbst meines fünfzigsten Lebensjahrs wird es nur dieses eine Mal geben und dann niemals wieder.

Auch in diesem April haben sich meine Familie und die ganze Klostergemeinschaft wieder um ein großes Lagerfeuer unter den blühenden Fruchtbäumen versammelt, um das Ende des Winters und den Beginn des Frühjahrs zu feiern. Erst wenn ich mir Bilder von unseren früheren Festen ansehe, wird mir bewusst, wie flüchtig alles ist. Die wenigsten Klosterbewohner bleiben länger als drei Jahre. Viele von ihnen brechen plötzlich auf, einige sogar bei Nacht und Nebel. Manchmal frage ich mich, was aus all denen geworden ist, die Antaiji enttäuscht verlassen haben. Konnten sie trotz allem etwas für ihr weiteres Leben mitnehmen? Haben sie etwas gelernt, oder ist da nur Bitterkeit, wenn sie sich erinnern?

Von den Bewohnern, die schon im Kloster lebten, als

Taku zur Welt kam, ist heute nur noch Michiko da, eine ehemalige Hebamme. Sie hat miterlebt, wie prächtig sich Taku entwickelt hat. Mittlerweile geht er schon zur Schule.

Jeden Morgen um Viertel nach sieben, wenn der Rest der Gemeinschaft mit einer Tasse Tee in der Morgensonne sitzt, bringe ich meine Kinder mit dem Auto zur fünf Kilometer entfernt gelegenen Bushaltestelle. Eigentlich könnten sie auch mit dem Fahrrad fahren, aber Tomomi fürchtet die Kragenbären, die in den Bergen rings um das Kloster leben. Mit einem »Es wird schon alles gutgehen« meinerseits gibt sie sich inzwischen längst nicht mehr zufrieden.

Zurück kommen die Kinder erst nach Einbruch der Dunkelheit, wenn im Kloster alle bei der Abendmeditation sind. Dann müssen noch Schulaufgaben gemacht werden. Wenn die Kinder schließlich auf ihre Zimmer gehen, ist in Antaiji lange schon vollkommene Ruhe eingekehrt. Die Mittelschule gleicht in Japan einem Vollzeitjob. Manchmal fragen mich Hanna und Kay: »Was machen deine Gäste eigentlich den ganzen Tag lang?«

Dann erkläre ich ihnen, dass die Klosterbewohner nicht meine Gäste sind, sondern Menschen, von denen einige eine Karriere aufgegeben und ganze Ozeane überquert haben, um in den Bergen das zu finden, was ihnen im Leben bisher gefehlt hat. Was das denn sei, wollen meine Kinder wissen.

»Jeder hat seinen eigenen Ausdruck dafür. Die einen suchen nach ihrem wahren Selbst, andere nach dem Sinn des Lebens. Die meisten von ihnen haben festgestellt, dass sich die moderne Welt in eine Sackgasse manövriert hat. Sie glauben, dass das Klosterleben eine Alternative zum Alltag im Kapitalismus sein könnte.« Spätestens wenn ich an diesem Punkt meines Vortrags angelangt bin, verdrehen meine Kinder die Augen. Vielleicht haben sie ja recht, wenn sie sagen: »Papa, glaubst du wirklich, dass deine Gäste *dafür* eine Karriere opfern würden? Die haben nie eine Karriere gemacht, deshalb sind sie hier gelandet – genau wie du!«

Aus Hanna und Kay sind zwei selbstbewusste Teenager geworden, die zumindest eines ganz sicher wissen: wie ihr Vater wollen sie niemals werden. Und das ist auch genau richtig so.

Die Kunst des Loslassens als Schlüssel zu einem bewussten Leben

Abt Muho

Ein Regentropfen kehrt ins Meer zurück

Warum wir uns vor dem Tod nicht fürchten müssen

Berlin Verlag, 192 Seiten
€ 16,00 [D], € 16,50 [A]*
ISBN 978-3-8270-1338-5

*Cover- und Preisänderungen vorbehalten

Viele Menschen fürchten sich vor dem Sterben, vor Krankheit, Alter und Tod. Der in Japan praktizierende Zen-Meister Muho lehrt uns die Kunst des Loslassens, wie sie im Buddhismus seit vielen Jahrhunderten praktiziert wird. Das Erlernen dieser Kunst ist nicht erst am Ende des Lebens von Bedeutung, sondern jetzt – wenn wir uns auf diesen Augenblick einlassen. Muhos Buch ist ein so tröstlicher wie ermutigender Begleiter für das Leben im Hier und Jetzt.

Leseproben, E-Books und mehr unter **www.berlinverlag.de**